Uwe Schwesig

Zeitungs-werkstatt

Unterrichtsmaterialien für die Sekundarstufe I

Auer Verlag GmbH

Gedruckt auf umweltbewusst gefertigtem, chlorfrei gebleichtem
und alterungsbeständigem Papier.

1. Auflage. 2005
© by Auer Verlag GmbH, Donauwörth
Alle Rechte vorbehalten
Das Werk und seine Teile sind urheberrechtlich geschützt. Jede Nutzung in anderen als den gesetzlich zugelassenen
Fällen bedarf der vorherigen schriftlichen Einwilligung des Verlages. Hinweis zu § 52 a UrhG: Weder das Werk noch seine
Teile dürfen ohne eine solche Einwilligung eingescannt und in ein Netzwerk eingestellt werden. Dies gilt auch für Intranets
von Schulen und sonstigen Bildungseinrichtungen.
Gesamtherstellung: Ludwig Auer GmbH, Donauwörth
ISBN 3-403-04249-9

Inhalt

Allgemeines:
Die Zeitung im Deutschunterricht 4

**Vorschläge für das Arbeiten
mit der Zeitung** 6
AB 1: Welche Zeitungen gibt es? 8
AB 2: Welche Textsorten gibt es? 9

Textsorte 1: Die Nachricht 10
AB 3: „Das Prinzip der umgekehrten
  Pyramide" 11
AB 4: Die äußere Form der Nachricht 12
AB 5: Die W-Fragen 13
AB 6: Nachrichten schreiben 15

Textsorte 2: Die Reportage 19
AB 7: Beobachten und Berichten 20
AB 8: Mündliche und schriftliche Reportage .. 21
AB 9: Information in der Reportage 22
AB 10: Merkmale einer Reportage 24
AB 11: Von der Agenturmeldung
  zur Nachricht 25

Textsorte 3: Das Interview 26
AB 12: Ein Interview 27
AB 13: Theoretisches zum Interview 29
AB 14: Frageformen 31

Textsorte 4: Der Kommentar 32
AB 15: Nachricht oder Kommentar? 33
AB 16: Ein Thema, zwei Meinungen 35
AB 17: Ich schreibe meine Meinung 36
AB 18: „Wenn ich Journalist wäre ..." 37

Textsorte 5: Die Glosse 38
AB 19: Was will die Glosse sagen? 39

Textsorte 6: Die Karikatur 40
AB 20: Eine Karikatur 41
AB 21: Eine Karikatur verändern 42
AB 22: Der Text zur Karikatur 43

Textsorte 7: Kritik und Rezension 44
AB 23: Analyse einer Rezension 45

**Zeitungsvergleich: Boulevardzeitung –
klassische Tageszeitung** 48
AB 24: Welche Boulevardzeitungen gibt es? .. 49
AB 25: Zeitungsvergleich 50
AB 26: Boulevardzeitungen im Vergleich 54

AB 27: Die BILD von 1953 bis 2003 55
AB 28: Boulevardzeitung und Werbung 58
AB 29: Beeinflussung durch die
  Boulevardzeitung 59
AB 30: Meinungslenkung 60
AB 31: Die Schlagzeile in der
  Boulevardzeitung 62
AB 32: Die Schlagzeile 63
AB 33: Themen einer Boulevardzeitung 65
AB 34: Geteilte Meinungen über die
  Boulevardzeitungen 68
AB 35: Eine Titelseite bauen 69
AB 36: Stilblüten 70

**Exkurs I: Schlechte Recherche
und die Folgen** 71

**Exkurs II: Politik und Medien
(Manipulation)** 74
AB 37: Manipulierte Information 78
AB 38: Spiel mit Worten 79
AB 39: Auch Fotos transportieren Meinungen .. 80
AB 40: Bildunterschriften 81
AB 41: Die Platzierung von Artikeln 82
AB 42: Jede Zeitung hat ihre eigene Sprache ... 84

**Exkurs III: „Hast du schon gehört,
dass ..." (Gerüchte)** 85
AB 43: Das Gerücht 87
AB 44: Ein Gerücht fordert seine Opfer 88

Exkurs IV: Politische Korrektheit 89

**Exkurs V: Wie Journalisten
Wirklichkeiten inszenieren** 92
AB 45: Medien machen Ereignisse 93

**Exkurs VI: Guter Journalismus,
schlechter Journalismus:
der Pressekodex** 94
AB 46: Der Pressekodex und die Praxis 95
AB 47: Guter Journalismus, schlechter
  Journalismus 96
AB 48: „Wenn ich ein Journalist wäre ..." 99

Online-Zeitungen 101

Buchtipps 102

Lösungen 103

Allgemeines:
Die Zeitung im Deutschunterricht

In der noch immer wachsenden Vielschichtigkeit der modernen Industriegesellschaft ist es heute fast schon zwingend notwendig, Handlungsfähigkeit, Übersicht und Urteilsvermögen zu erlernen bzw. auszubauen. Die dafür benötigten Voraussetzungen der Informationsbeschaffung sowie das Knowhow des Selektierens, des Vergleichens und des Wertens zu lehren, muss eine der wichtigsten Aufgaben der Schule werden – nicht nur des Deutschunterrichts; an dieser Stelle sei nur auf den ITG-Unterricht (informationstechnische Grundbildung) hingewiesen, in dem den Schülern auch das Nutzen des Internets als Informationsquelle mit Hilfe von Computern vermittelt wird.

Zwar haben die Kultusministerien grundsätzlich die Bedeutung von Tageszeitungen als bestens geeignetes Massenmedium registriert, doch vermisst man noch immer in den Lehrplänen der Bundesländer die Schulung sozialer und kommunikativer Kompetenz durch den Umgang mit Zeitungen. Erst der längerfristige direkte Umgang mit der Zeitung führt nämlich zu Aha-Erlebnissen. Hier herrscht durchaus noch pädagogischer Handlungsbedarf, denn von den 14- bis 15-Jährigen lesen maximal 30 Prozent überhaupt die Zeitung und von diesen lediglich 10 Prozent den politischen Teil. Eine der Ursachen liegt darin, dass sich der Schüler von der Fülle der Informationen erdrückt fühlt, weil er nur unzureichend oder gar nicht in der Lage ist, zweckdienlich zu filtern. Hier gilt es anzusetzen, und die folgenden Arbeitsbögen und Anregungen wollen versuchen, dazu ihren Beitrag zu leisten.

Eine Zeitung ist ein meist täglich, oft auch wöchentlich, jedenfalls regelmäßig erscheinendes Druckerzeugnis (Periodizität), das jüngstes Gegenwartsgeschehen vermittelt (Aktualität), sich nicht auf bestimmte Themengebiete beschränkt (Universalität) und allgemein zugänglich ist (Publizität). Sie ist ein Konglomerat aus verschiedenen sprachlichen Darstellungsformen: Meldungen, Berichte, Reportagen, Interviews, Kommentare, Leitartikel, Kritiken und Glossen – garniert mit Fotos, Grafiken und Karikaturen.

Die Hauptziele der Zeitung definieren ihre wichtige politische und kulturelle Funktion: Es sind dies die Informationsvermittlung und die Meinungsbildung – die klare Trennung dieser beiden Bereiche gelingt nicht immer. Als Werbeträger spielt die Zeitung aber auch eine nicht zu unterschätzende ökonomische Rolle, denn Zeitungen finanzieren sich nicht nur durch Verkaufs-, sondern auch durch Anzeigenerlöse. Ohne die Werbung wäre eine Zeitung sehr viel teurer für den Konsumenten. Etwa 80 Prozent der deutschen Bevölkerung über 14 Jahre sind tägliche Konsumenten dieser Werbung in der Zeitung. Der Weltzeitungsverband teilte übrigens im Juni des Jahres 2001 mit, die Norweger seien die Weltmeister im Zeitunglesen: 575 von 1000 Norwegern kauften diesen Angaben zufolge regelmäßig eine Tageszeitung. Damit ist die Tageszeitung – und nicht etwa das Fernsehen – der größte Werbeträger mit einem Anteil von rund 30 Prozent am gesamten Werbeaufkommen.

Kennzeichnend für die Zeitungsentwicklung in der zweiten Hälfte des 19. Jahrhunderts waren die Etablierung der Partei- und Gesinnungspresse sowie schließlich die Entwicklung einer Massenpresse mit bis zu fünfstelligen Auflagenhöhen. Voraussetzungen dafür waren unter anderem der schnelle Ausbau des Anzeigenwesens, die Entstehung von Nachrichtenagenturen, gesellschaftliche Veränderungen durch Industrialisierung und Verstädterung sowie Neuerungen insbesondere in der Satz- und Drucktechnik.

Mit der Massenpresse entstanden auch große Pressekonzerne, die jüngst immer wieder fusionieren.

Entwicklungen und Tendenzen

In Bayern schreibt das mit CSU-Mehrheit beschlossene Landespressegesetz schon seit einiger Zeit vor, dass im Impressum einer Zeitung auch die Beteiligungsverhältnisse genannt werden müssen. 2003 hat auch die Landesregierung Schleswig-Holsteins beschlossen, das Landespressegesetz entsprechend zu ändern. Die Bundes-SPD weigert sich allerdings nach wie vor, ihre umfangreichen Medienbeteiligungen der Bevölkerung zu offenbaren, wie dies unter anderem auch vom Deutschen Journalistenverband gefordert wurde. Nach wissenschaftlichen Erkenntnissen kommen rund 10 Prozent der Gesamtauflage der deutschen Tageszeitungen aus Zeitungsverlagen, an denen die SPD eine Beteiligung hält.

Größtes deutsches Zeitungsunternehmen ist der Axel-Springer-Verlag (Hamburg und Berlin), gefolgt von der WAZ-Zeitungsgruppe aus Essen. Die zehn größten Verlagsgruppen haben zusammen einen Marktanteil von 55,6 Prozent. Die Gesamtauflage der deutschen Tageszeitungen beträgt knapp 26 Millionen Exemplare. Davon entfallen rund 20 Millionen auf Abonnementszeitungen und sechs Millionen auf die Boulevardpresse, wobei die im Axel-Springer-Verlag erscheinende „BILD"-Zeitung (als größte deutsche Tageszeitung) allein eine tägliche Auflage von knapp fünf Millionen Exemplaren erreicht. Hinzu kommen noch acht Sonntagszeitungen mit insgesamt gut fünf Millionen Auflage. Im Juli 2003 wurde bekannt, dass die Auflage der Tageszeitungen gegenüber 2002 um 1,7 Prozent auf 28,9 Millionen Exemplare gesunken war.

Überregional verbreitet sind in Deutschland nur wenige Tageszeitungen. Marktführer ist hier die politisch eher dem linken Spektrum zuzuordnende *„Süddeutsche Zeitung"* aus München vor der *„Frankfurter Allgemeinen Zeitung"*, der unionsnahen *„Welt"* aus Berlin, der *„Frankfurter Rundschau"*, dem *„Handelsblatt"* sowie der linksalternativen Berliner *„Tageszeitung taz"*.

Das Zeitungswesen befindet sich im Umbruch: Die Tendenz geht einerseits zu einer umfassenderen Hintergrundberichterstattung und einem Ausbau der Servicefunktion (Ratgeber, Tipps etc.), andererseits zu einer prägnanteren und optisch ansprechenderen Informationsaufbereitung, um im Wettbewerb mit den elektronischen Medien bestehen zu können. Vorreiter für diesen Trend war der äußerst erfolgreiche *FOCUS* mit wesentlich mehr Lesern als die Konkurrenzprodukte: Die Magazine *SPIEGEL* und *STERN* versuchten nun ebenfalls durch optische Erneuerungen ihrer Blätter an den *FOCUS*-Durchbruch anzuknüpfen und ihre Leser zu halten.

Zeitungen nutzen außerdem verstärkt neue technische Möglichkeiten für die redaktionelle Arbeit und sie werden zunehmend im Internet präsent.

Vorschläge für das Arbeiten mit der Zeitung

Zunächst lassen sich Gruppenarbeiten nach der inhaltlichen Gliederung einer Zeitung festlegen: Wer sichtet/bearbeitet was (Politik, Kommentar, Kultur, Wirtschaft, Sport, Unterhaltung, Lokales, Vermischtes)?

Langzeitarbeitsaufträge

Um das selektive Zeitunglesen einzuüben, eignen sich Langzeitarbeitsaufträge – insbesondere für regelmäßig erscheinende Zeitungsinhalte wie zum Beispiel:

- Vergleich der täglichen Wettervorhersage mit der Realität

- Auswertung der täglichen Unfallberichte (Gibt es Unfallschwerpunkte? Gibt es bestimmte Wochentage, an denen besonders viele Unfälle passieren? Welche Personengruppe ist als Opfer, welche als Verursacher häufig in Unfälle verwickelt? Welche Unfallursachen tauchen relativ oft auf?), ihre Ergebnisse deuten und Folgerungen daraus ziehen. Ebenso ließe sich untersuchen, welche Maßnahmen seitens der Behörden bei Unfallschwerpunkten ergriffen werden.

- Erarbeitung eines Fachwörterlexikons, denn Zeitungen verwenden oft einen gehobenen Sprachstil (elaborierter Kode), der sich wiederum am Adressaten der Zeitungsmacher orientiert.

Tipps für die Unterrichtsgestaltung

Zeitplan

Das Arbeiten mit der Zeitung sollte auf mehrere Wochen hin angelegt werden. Im Folgenden gebe ich einen groben „Fahrplan" an die Hand, der keinen Anspruch auf Vollständigkeit erhebt, aber die Planung erleichtern kann:

1. Woche	Über die Handhabung einer Zeitung informieren; Beiträge suchen lassen; Leseübungen; Verständnisübungen (auch bzgl. Fremdwörtern)
2. Woche	Aufbau und Gliederung der Zeitung erarbeiten; visuelles Erscheinungsbild analysieren (Aufmacher, Platzierung usw.); evtl. Vergleich der Erscheinungsbilder unterschiedlicher Zeitungen; Beiträge zu bestimmten Themen suchen und Inhaltsangaben anfertigen lassen
3. Woche	Erarbeitung der Ressortgliederung der Zeitung
4. Woche	Erarbeitung von Textsorten (Nachricht, Kommentar, Glosse, Leserbrief usw.)
5. Woche	Nachricht und Kommentar schreiben; Nachricht zum Kommentar umarbeiten; Kommentar zur Nachricht umarbeiten; Leserbriefe schreiben; Erarbeitung von Textsorten (Reportage, Interview)
6. Woche	Erarbeitung des Anzeigenteils der Zeitung
7. Woche	Erstellen von einigen wenigen Seiten einer Zeitung in Anlehnung an ein Original
8. Woche	Besuch in einer Zeitungsredaktion

AB 1: *Welche Zeitungen gibt es?*

Aufgabe 1: Welche Zeitungen kennst du?

Aufgabe 2: Lies verschiedene Tageszeitungen eines Tages. Welche Schlagzeilen haben sie? Gibt es unterschiedliche Schwerpunkte in der Berichterstattung? Wenn ja: Womit könnte das zusammenhängen?

AB 2: *Welche Textsorten gibt es?*

> **Aufgabe:** Welche Textsorten kannst du in einer Zeitung finden?
> Tipp: Das Inhaltsverzeichnis der Zeitung kann helfen.

(Information für die Lehrkraft)

Die Nachricht

Das innere Gerüst der Zeitung bildet die Nachricht in ihrer Kurz- oder Langform als *Meldung* oder *Bericht*. Es handelt sich dabei um eine möglichst objektive Mitteilung eines aktuellen Sachverhalts, der die Allgemeinheit interessiert. Sie folgt einem bestimmten formalen Aufbau, der sich sowohl nach der Reihenfolge der sechs W-Fragen (Wer? Was? Wann? Wo? Wie? Warum?) als auch nach dem *Prinzip der umgekehrten Pyramide* richtet: Dieses Prinzip gliedert eine Nachricht in sich selbst nach abnehmender Wichtigkeit.

Damit eine Nachricht gelesen wird, muss sie so ausgesucht und formuliert werden, dass sie Aufmerksamkeit erregt und Neuigkeitswert besitzt.

Um sich den Aufbau einer Nachricht zu vergegenwärtigen, kann man die Schüler kurze narrative Texte wie beispielsweise Balladen oder Kurzgeschichten zu einer Nachricht umformen lassen. Ebenso kann die textproduktive Arbeit mit Agenturmaterial die Grundregeln des Schreibens von Nachrichtentexten verdeutlichen. Lassen Sie zu den einzelnen Textsorten Definitionen aufschreiben und Beispiele aus Zeitungen aufkleben.

AB 3: *„Das Prinzip der umgekehrten Pyramide"*

Eine Nachricht berücksichtigt immer *„das Prinzip der umgekehrten Pyramide"*, demzufolge das Wichtigste zuerst berichtet wird; die weiteren Informationen sind nach abnehmender Wichtigkeit angeordnet.

Aufgabe: Versuche, dies in der Pyramide darzustellen:

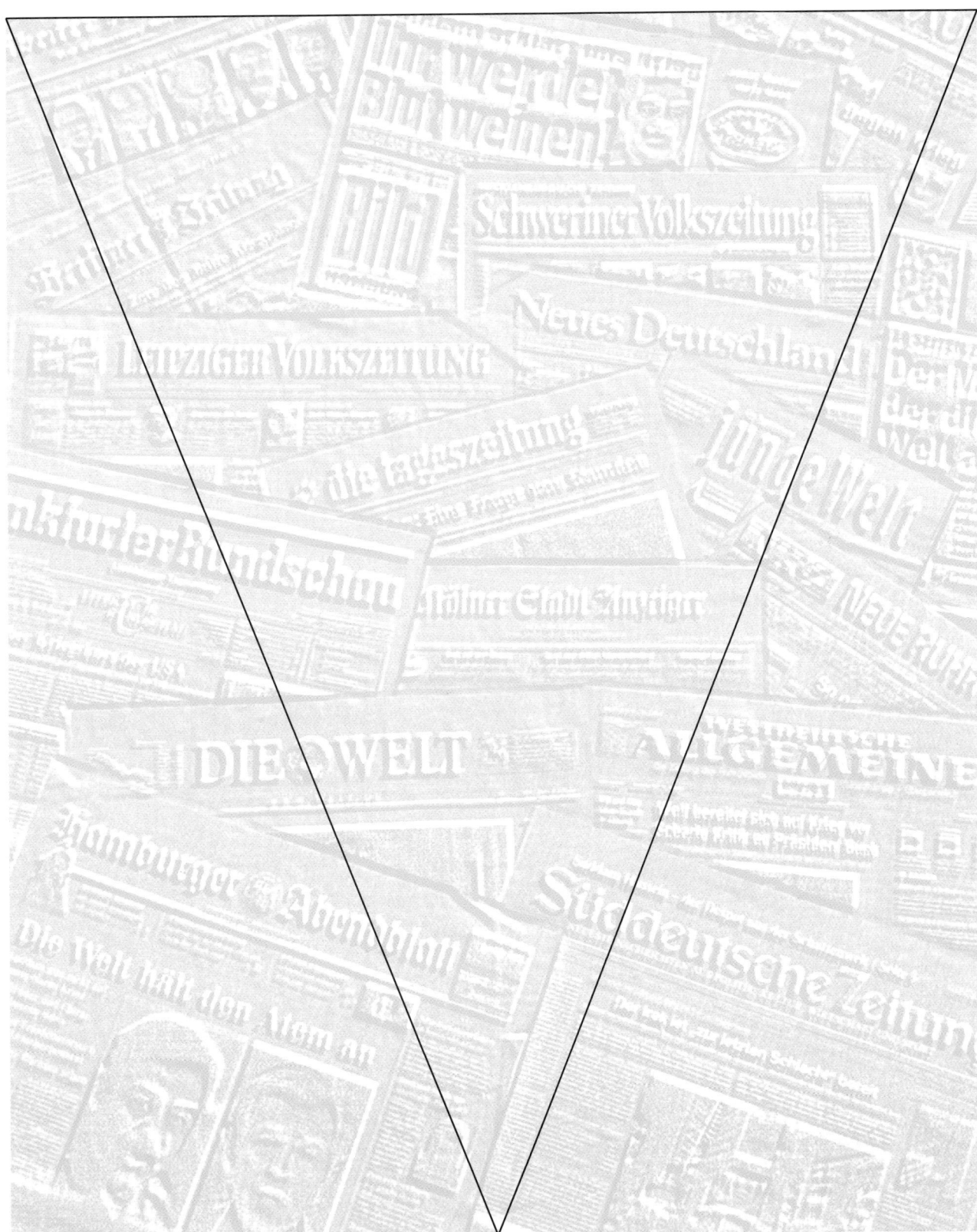

Die äußere Form einer Nachricht:

Auch die äußere Form einer Nachricht berücksichtigt *„das Prinzip der umgekehrten Pyramide"*:

1	Falsche Bilder und Texte in der Wehrmachtsausstellung
2	**Demontage der Dilettanten**
3	**Umstrittene Wanderausstellung wird aus dem Verkehr gezogen**
4	**Fiasko für die angeblichen Volksaufklärer Reemtsma und Heer: Deren umstrittene Wanderausstellung „Vernichtungskrieg. Verbrechen der Wehrmacht 1941 bis 1944" wird wegen erwiesener Unwissenschaftlichkeit gestoppt.**
5	Über vier Jahre war die Fotosammlung mit öffentlichen Geldern in 32 Städten mit einer angeblichen „Dimension historischer Wirklichkeit" (Reemtsma) gezeigt worden. Jetzt steht fest: Multimillionär Jan Philipp Reemtsma und sein Ausstellungsleiter Hannes Heer deklarierten etliche Opfer der sowjetischen Terrortruppe NKWD als Wehrmachtsopfer. Ungeprüft übernahm Heer aus dubiosen Archiven massenhaft Bilder mit irgendwelchen Bildlegenden. Heer und Reemtsma sind nun als Schlamper und Stümper entzaubert. Für den Berliner Historiker Jörg Friedrich ist die Schau nur noch eine „primitive Tendenzveranstaltung". Von Anfang an war die miese Qualität der Ausstellung bekannt – auch deutschen Geschichtsprofessoren, die jedoch aus Angst vor öffentlicher Schelte schwiegen. Von Anfang an mussten Kritiker, die den Ausstellungsmachern vorwarfen, deren Geschichtsaufklärung käme völlig ohne Geschichte aus, damit rechnen, von Reemtsma mit juristischen Mitteln verfolgt zu werden. So leidet der polnische Historiker Bogdan Musial auch heute noch unter den Folgen der Prozesswut des Reemtsma-Instituts. Zwar hatte Reemtsma inzwischen eingeräumt, es sei falsch gewesen, die „juristische Keule einzusetzen"; bezahlt hat er Musial die entstandenen Prozesskosten jedoch nicht. „Die Verfolger anders Denkender haben es weit gebracht", konstatiert das Nachrichtenmagazin FOCUS. *(nach einem Bericht im „FOCUS" 45/1999)*

1 = _____

2 = _____

3 = _____

4 = _____

5 = _____

AB 5: *Die W-Fragen (I)*

Der Inhalt einer Nachricht

Eine Nachricht gibt Antworten auf die sechs „W-Fragen":

- **Was** ist passiert?
- **Wer** war daran beteiligt?
- **Wann** ist es passiert?
- **Wo** ist es passiert?
- **Wie** ist es passiert?
- **Warum** ist es passiert?

Aufgabe: Beantworte die W-Fragen zu diesem Zeitungsartikel. Trage deine Ergebnisse in das Arbeitsblatt 5 (II) ein.

Weltweite Kritik nach Israels Luftangriff

Mit einem nächtlichen Raketenangriff auf ein Wohnhaus im Gazastreifen, bei dem mindestens 15 Menschen ums Leben gekommen sind, hat sich Israel weltweit scharfer Kritik ausgesetzt. Der Angriff in der Nacht zu gestern galt dem militanten Hamas-Führer Salach Schehade (48); er starb in den Trümmern des Hauses. Außerdem wurden mindestens 14 weitere Menschen, darunter zwei Babys und sieben Kinder, getötet und 150 Menschen zum Teil schwer verletzt. Ein israelisches F-16-Kampfflugzeug hatte kurz nach Mitternacht zwei Raketen auf das Haus Schehades in Gaza abgefeuert und den Wohnblock zerstört. Mehrere benachbarte Gebäude wurden durch die Explosion beschädigt. (…) Ministerpräsident Ariel Scharon sprach von einem der „größten Erfolge" der Armee. Dagegen stieß der Angriff international auf scharfe Kritik. Der Sprecher des Weißen Hauses in Washington verurteilte die „mit harter Hand geführte" Aktion uneingeschränkt. Bundesaußenminister Joschka Fischer sprach von einem „inakzeptablen Vorgehen"; der EU-Beauftragte für Außen- und Sicherheitspolitik, Xavier Solana, von einer „unrechtmäßigen Tötungsaktion". Palästinenserpräsident Jassir Arafat sprach von einem „Massaker und schrecklichen Verbrechen an unseren unschuldigen Kindern".

aus: „Lübecker Nachrichten" vom 24. 7. 2002

AB 5: *Die W-Fragen (II)*

Was? _____

_____

Wer? _____

_____

Wann? _____

_____

Wo? _____

_____

Wie? _____

_____

Warum? _____

_____

AB 6: *Nachrichten schreiben (I)*

Eine Ballade wird zur Nachricht

John Maynard!

„Wer ist John Maynard?"
„John Maynard war unser Steuermann,
Aus hielt er, bis er das Ufer gewann,
Er hat uns gerettet, er trägt die Kron,
Er starb für uns, unsre Liebe sein Lohn.
John Maynard."

Die „Schwalbe" fliegt über den Erie-See,
Gischt schäumt um den Bug wie Flocken von Schnee,
Von Detroit fliegt sie nach Buffalo –
Die Herzen aber sind frei und froh,
Und die Passagiere mit Kindern und Fraun
Im Dämmerlicht schon das Ufer schaun,
Und plaudernd an John Maynard heran
Tritt alles; „Wie weit noch, Steuermann?"
Der schaut nach vorn und schaut in die Rund:
„Noch dreißig Minuten … Halbe Stund."

Alle Herzen sind froh, alle Herzen sind frei –
Da klingts aus dem Schiffsraum her wie Schrei,
„Feuer" war es, was da klang,
Ein Qualm aus Kajüt und Luke drang,
Ein Qualm, dann Flammen lichterloh,
Und noch zwanzig Minuten bis Buffalo.
Und die Passagiere, buntgemengt.
Am Bugspriet stehn sie zusammengedrängt,
Am Bugspriet vorn ist noch Luft und Licht,
Am Steuer aber lagert sichs dicht,
Und ein Jammern wird laut: „Wo sind wir? Wo?"
Und noch fünfzehn Minuten bis Buffalo.

Der Zugwind wächst, doch die Qualmwolke steht,
Der Kapitän nach dem Steuer späht.
Er sieht nicht mehr seinen Steuermann,
Aber durchs Sprachrohr fragt er an:

„Noch da, John Maynard?"
        „Ja, Herr. Ich bin."
„Auf den Strand. In die Brandung."
        „Ich halte drauf hin."
Und das Schiffsvolk jubelt: „Halt aus. Hallo!"

Und noch zehn Minuten bis Buffalo. – – –
„Noch da, John Maynard?" Und Antwort schallte
Mit ersterbender Stimme: „Ja, Herr, ich halt's."
Und in die Brandung, was Klippe, was Stein,
Jagt er die „Schwalbe" mitten hinein,
Soll Rettung kommen, so kommt sie nur so.
Rettung: der Strand von Buffalo.

Das Schiff geborsten. Das Feuer verschwelt.
Gerettet alle. Nur *einer* fehlt!

Alle Glocken gehn; ihre Töne schwelln
Himmelan aus Kirchen und Kapelln,
Ein Klingen und Läuten, sonst schweigt die Stadt,
Ein Dienst nur, den sie heute hat:
Zehntausend folgen oder mehr
Und kein Aug im Zuge, das tränenleer.

Sie lassen den Sarg in Blumen hinab,
Mit Blumen schließen sie das Grab,
Und mit goldner Schrift in den Marmorstein
Schreibt die Stadt ihren Dankspruch ein:

> Hier ruht John Maynard.
> In Qualm und Brand
> Hielt er das Steuer fest in der Hand,
> Er hat uns gerettet, er trägt die Kron,
> Er starb für *uns*, unsre Liebe sein Lohn.

John Maynard

Aufgaben:

- Lies dir die Ballade „*John Maynard*" von Theodor Fontane durch.

- Verfasse einen Nachrichtentext nach dem in dieser Ballade erzählten Geschehen.

- Berücksichtige dabei die W-Fragen, die du in AB 5 kennen gelernt hast.

Achte auf „*das Prinzip der umgekehrten Pyramide*", dem zufolge das Wichtigste zuerst berichtet wird; die weiteren Informationen sind nach abnehmender Wichtigkeit angeordnet. Strukturiere deinen Nachrichtentext entsprechend.

Eine Kurzgeschichte wird zur Nachricht

Der Hänfling

Kurzgeschichte von Uwe Schwesig

Aufgaben:

- Lies dir die Kurzgeschichte durch.
- Verfasse einen Nachrichtentext nach dem in dieser Kurzgeschichte erzählten Geschehen.
- Berücksichtige dabei die W-Fragen, die du in AB 5 kennen gelernt hast.
- Achte auf „das Prinzip der umgekehrten Pyramide", demzufolge das Wichtigste zuerst berichtet wird; die weiteren Informationen sind nach abnehmender Wichtigkeit angeordnet. Strukturiere deinen Nachrichtentext entsprechend.

„Das Wichtigste, Oliver", sagte Martin, presste seine Fingerkuppen an die Innenfläche des sehnigen Handtellers und bog dann die Gelenke so weit nach außen, wie es nur irgendwie ging, „ist Spannung, mein Junge. Spannung ist alles! Wenn du die in deiner Hand richtig komprimiert hast, dann hast du den Fight schon so gut wie gewonnen! Sieh dir mal meine Finger an. In dieser Lage wird es nicht so schnell zu dem schmerzhaften Abknicken der Finger bei den sehr hart ausgeführten Schlägen kommen. Pass auf, ich zeig' dir mal, wie das geht – zuerst in Zeitlupe…"

Und so übten sie schon seit gut einer Stunde in der neuen Turnhalle ihrer Schule, die zu dieser Zeit noch frei war – die Handballspieler kamen sowieso erst gegen 20.00 Uhr. Man hatte also noch Zeit.

Martin erklärte seinem Freund mit der Geduld eines liebenden Vaters, wie man Nierenschläge austeilt, sich vor Messerangriffen schützt, oder aber wie man mit Karate Menschen töten kann. „Also, du schlägst deinem Gegenüber kräftig mit den Fingerwurzelknochen – das sind diese hier – auf die Nase; das Nasenbein kannst du dann vergessen…" „Es ist gebrochen, ja?" – „Sehr schön! Wie ich sehe, kapierst du das alles recht schnell."

Martin konnte sich ein Grinsen nicht verkneifen, als er weiter ausführte: „Na, du reißt jetzt blitzschnell den Ellenbogen hoch, setzt dann nach, schiebst die Knochensplitter eine Etage höher…"

Martin grinste immer noch. Oliver nicht. Denn er wusste, dass dies nicht der eigentliche Sinn dieser Kampfsportart war, wusste, dass die Kunst eines Karateka darin bestand, bei den so genannten Schaukämpfen in letzter Sekunde den Schlag abzustoppen. „Ach so, unser Kleiner hat Bedenken?", stichelte Martin. „Du denkst ans Abstoppen, oder? Na klar, wenn wir hier üben, ist das natürlich völlig harmlos. Keine Sorge, ich bilde dich hier schon nicht zum Killer aus!" Martin lachte schallend; es klang unheimlich in der leeren Halle.

Früher war er anders gewesen, der Martin. Man hatte ihn oft verprügelt, ihn zum Tanzbären gemacht. Er hatte sich nicht wehren können. Damals. Er wurde verspottet. Man nannte ihn den *Hänfling* und ließ ihn alle Verachtung spüren, die in diesem Wort enthalten war. Besonders schlimm war es auf der Klassenfahrt nach Würzburg gewesen. Jeden Abend bezog er seine Tracht Prügel. „Damit er besser schlafen kann!", wie jene, die sich seine Klassenkameraden nannten, es trocken kommentierten. Man schikanierte ihn, wo immer sich eine Gelegenheit bot. Durchnässte jedes Mal das Bettlaken am Fußende, so dass Martin schnell eine Erkältung bekam und statt Unterfranken genießen zu können mit einem lauwarmen, ihn farblich stets an Urin erinnernden Kamillentee vorlieb nehmen musste.

Keinem seiner Lehrer getraute er sich von seinem Leiden, von dem rüden, brutalen Umgang seiner Klassenkameraden mit ihm zu erzählen. Still und leise litt Martin, ertrug den subtilen Terror derjeni-

AB 6: *Nachrichten schreiben (III)*

gen, die sich an seinem Leiden ergötzten. Zu groß war die Furcht vor der unweigerlich folgenden Abreibung…

Dann hatte man ihm bei einer solchen Abreibung versehentlich den linken Arm gebrochen. Zu Hause erzählte er, er wäre unglücklich gestürzt. Doch seine Mutter ahnte etwas. Und schickte ihn zum Karate-Kurs, damit er anderen die Knochen breche…

Es hatte lange, verdammt lange gedauert, bis der *Hänfling* meinte, seine neuen Fertigkeiten ausprobieren zu können. Ein Vorwand ließ sich leicht finden.

Es klappte auf Anhieb. Er hatte den Zeitpunkt nicht zu früh gewählt. Und wie ein Lauffeuer sprach es sich herum. Man überlegte, ihn mit dem Paradoxon *Karate-Hänfling* zu ehren, verwarf diesen Gedanken aber, denn mittlerweile hatte er seinen vierten Mann auf die Matte gelegt. Es schien dramatisch zu werden: Der Hänfling drohte in längst verteiltes Terrain einzudringen, konnte in gefährlich kurzer Zeit die altbewährte Hackordnung zum Einsturz bringen und damit ein Desaster auslösen. Martin war auf dem besten Weg, festzementierte Fassaden einzureißen, die Position und den Marktwert der anderen zu erschüttern und damit empfindlich zu schwächen – schlimmer noch: sie gänzlich in Frage zu stellen!

Das aber durfte auf keinen Fall geschehen! Man musste ihm heimlich auflauern und ihm dann mit einer Hand voll guter Leute die Fresse polieren, aber gründlich, so dass die Zahnbürste erst mal ins Leere greifen und für ihn die Möglichkeit bestehen würde, ausgiebig mit den Krankenschwestern zu flirten.

Dieser Plan wurde aber wieder fallen gelassen; einige bewahrten sich doch einen gewissen Sportsgeist. Dem Gedanken, den *Hänfling* wieder auf eine ihm zustehende Größe zu erniedrigen, mochte man sich allerdings nicht verschließen. Und so entwickelten seine Klassenkameraden ein außergewöhnliches Interesse an asiatischen Kampfsportarten…

Die Zeichen standen auf Sturm – das hatten längst auch Martin und sein einziger Freund Oliver begriffen. Und so übten sie – blöde Hunde werden schließlich nicht fett. Die Zeit schritt voran, zweimal sechzig Minuten waren bereits vorüber – das Zeitgefühl geht bei interessanten Dingen oft verloren.

Da passierte es: Mit einem lauten Schrei brach Oliver zusammen. Martin hatte es nicht mehr verhindern können: Sein Gegenüber war ihm in den Schlag hineingelaufen. Er hatte für den Bruchteil eines Augenblicks seine Deckung aufgegeben, hatte eine Regel missachtet, die er ihm mehr als einmal eingeschärft hatte.

Mist! – Was würden die anderen sagen? Sein einziger Freund Oliver, ein Sitzenbleiber, der genau wie er die neunte Klasse ein zweites Mal durchlaufen hatte – Ehrenrunde, hahaha!

Von da an hatten sie gemeinsam den Unterricht gestört – in dieser Hinsicht hatte er seinem Spitznamen wirklich keine Ehre gemacht, aber wahrscheinlich hatte er die Erniedrigung durch die anderen dadurch kompensieren wollen, dass er nun im Unterricht glaubte, sich nicht mehr immer an die Regeln halten zu müssen. Man hatte gemeinsam Dinger gedreht, die man gerne an die große Glocke gehängt hätte. Auf der schwarzen, ungeschriebenen Liste der Pauker standen sie mit Sicherheit ziemlich weit oben.

Und nun das hier! Ein Fiasko! Denn die anderen lauerten doch schon sprungbereit, um ihm das Wasser abzugraben. Da genügten einige wohl abgesprochene, sparsam dosierte, aber effiziente Falschaussagen, um ihm den Fressnapf höher zu hängen.

Martin beugte sich zu seinem Freund hinunter, machte den ungelenken Versuch, ihm den Puls zu fühlen. Aber Oliver atmete nicht mehr. Der Brustkorb bewegte sich keinen Millimeter.

Martin sah auf die große, elektrische Uhr an der Stirnseite der Halle. Unerbittlich bewegten sich die Zeiger. Die Handballer!

Was sollte er denen bloß sagen?

Er dachte an seine Eltern. Seine Mutter würde die Hände über dem Kopf zusammenschlagen und – na ja, die alte Leier!

Oliver lag am Boden. Ein verkrümmtes Häuflein Elend. Ein hilfloser 15-jähriger Brocken Fleisch mit gebrochener Nase und Knochensplittern im Hirn …

Was wird die Polizei sagen? Unfall – Selbstmord – Mord? Aber Moment mal! Also noch mal: Unfall – Selbstmord – Mord … Unfall …

U N F A L L .

Ja, wenn Oliver nun selber, aus Versehen sozusagen… Schließlich wusste keiner etwas von ihren Übungsstunden, und der Hausmeister glaubte ohnehin an Lockerungsübungen und Konditionstraining „seiner Jungs" für die anstehende Leichtathletikmeisterschaft.

Unfall. Das Wort bekam auf einmal eine ganz andere Dimension. Martin besah sich die Decke: Die Kletterseile wiegten sich sanft. Sein Blick wanderte zu Oliver, dann wieder zu den Seilen in dreizehn Metern Höhe. Und von den Seilen wieder zu Oliver.

Es war für die Zeitung die Sensation. Gleich auf der ersten Seite. Eine hässliche Schlagzeile. Daneben ein nichts sagendes Foto.

Oliver war darauf nur sehr schwer zu erkennen.

Textsorte 2: *Die Reportage*

(Information für die Lehrkraft)

Die Reportage

Die Reportage gehört zu den informierenden Textsorten. Sie ist ein persönlich gefärbter Erlebnisbericht, denn sie vermittelt das, was ein Reporter beobachtet hat, so genau und anschaulich wie möglich. Daher kann sie dem Leser eine Menge Wissen vermitteln – eingebettet in die anschauliche, spannende Schilderung von Erlebtem.

Auch Schüler schlüpfen gern in die Rolle von Reportern. Besonders motivierend ist es, wenn sie ihre Beiträge beispielsweise an einer Ausstellungswand ihrer Schule platzieren können, um so eine – wenn auch kleine – Öffentlichkeit zu finden.

Voraussetzung für das Schreiben von Reportagen sind sorgfältiges Recherchieren und genaues Beobachten.

Die exakte Schilderung des Beobachteten kann geübt werden, indem man mit seinen Schülern beispielsweise Menschen an der Bushaltestelle, auf dem Spielplatz, in der Grünanlage, auf dem Marktplatz oder auf dem Schulhof beobachtet.
Zuvor sollte man absprechen, was festzuhalten ist:

- Welche Leute kommen vorbei?
- Wie gehen sie?
- Was tun sie?
- Was passiert?
- Was wird gesprochen?

Sinnvoll ist es, zunächst mit einem Kassettenrekorder zu arbeiten und auf einer Kassette die Eindrücke festzuhalten, da man dann besser den Unterschied zwischen einer mündlichen und einer schriftlichen Reportage herausarbeiten kann. Hier empfiehlt es sich, die unterschiedlichen mündlichen Reportagen beurteilen und kritisch analysieren zu lassen.

Beim Schreiben der Reportage ist es wichtig, keine sachlichen Fehler zu machen. So dürfen wichtige Informationen nicht weggelassen werden; auch hier sollten die W-Fragen von Arbeitsblatt 5 stets präsent sein.

Eine Reportage sollte so lebendig gestaltet werden, dass der Leser gleich beim ersten Satz „gefesselt" wird und auch weiterliest.

Auf eine allgemeine Vorrede kann ebenso verzichtet werden wie auf Absichtsbekundungen und Begründungen wie etwa: *„Weil es uns interessant erschien, einmal etwas über die nachgewiesenermaßen schlechten Leistungen an den Gesamtschulen zu erfahren, beschlossen wir, uns einmal mit den Wissenschaftlern des Max-Planck-Institutes für Bildungsforschung zu treffen. Nachdem wir dort angekommen waren ..."*

Stattdessen werden Sachinformationen so im Text verteilt, dass der Leser den ganzen Artikel hindurch immer wieder etwas Neues erfährt und so „bei der Stange bleibt". Zu dieser Distribution der Informationen kommt noch ein Wechsel der Perspektive. Faktenpräsentation wird aufgelockert durch Erlebnisberichte, direkte und indirekte Rede.

Die Sprache der Reportage soll klar und anschaulich sein.

AB 7: *Beobachten und Berichten*

Aufgabe: Beobachte Menschen an der Bushaltestelle, auf dem Spielplatz, in der Grünanlage, auf dem Marktplatz oder auf dem Schulhof. Überlege dir, was du notieren oder mit dem Kassettenrekorder festhalten willst:

- Welche Leute kommen vorbei?
- Wie gehen sie?
- Was tun sie?
- Was passiert?
- Was wird gesprochen?

AB 8: *Mündliche und schriftliche Reportage* | **21**

Aufgabe:
- Du hast die mündlichen Reportagen deiner Mitschüler gehört. Suche dir eine heraus und schreibe sie auf.
- Vergleiche deine schriftliche Reportage nun nochmals mit der Reportage vom Tonband.
- Versuche, die Unterschiede zwischen mündlicher und schriftlicher Reportage in die Tabelle einzutragen.

Mündliche Reportage	Schriftliche Reportage

AB 9: *Information in der Reportage (I)*

Aufgabe: Lies die Reportage „*Kabelsalat und Cola*" von Jeanette Nentwig. Prüfe, ob sie alle Merkmale einer schriftlichen Reportage enthält. Benutze den Arbeitsbogen „*Merkmale einer Reportage*" (AB 10). Notiere auch, welche Sachinformationen die Reporterin in ihren Text eingebaut hat. Schreibe dann eine Inhaltsangabe.

Kabelsalat und Cola

„Oh nein! Nicht auch das noch!", Horst Schweder verdreht genervt die Augen und wischt sich mit dem Handrücken den Schweiß von der Stirn. Eben ist ihm eine der schweren grauen Kisten mit den Scheinwerfern zur Seite gekullert. Mit einem knirschenden Geräusch setzt sich das unhandliche Ding voller schwarzer Kabelschlangen neben die Bretter in den Sand. Jetzt muss der 62-Jährige es da wieder herauswuchten – Knochenarbeit für den Handlanger, der gemeinsam mit seinen Kollegen beim Aufbau der Bühne für die „Scorpions" am Travemünder Strand mithilft.

Wenn heute Abend die weltbekannte deutsche Rock-Band loslegt, sorgen die Lautsprecher mit insgesamt 50 000 Watt für vollen Sound, und 200 Lampen setzen die Musiker ins richtige Licht. „Die Bühne ist mit nur 14 Quadratmetern Spielfläche zwar extrem klein, aber dafür haben wir ein brandneues Tonsystem im Gepäck. Das fetzt richtig", verspricht Tobias Kühnel und blinzelt vielsagend über den Rand seiner Sonnenbrille hinweg. Der 45-jährige Produktionsleiter sitzt auf dem Gabelstapler und wuchtet damit zentnerschwere Lautsprecher auf die Bühne. Hin und wieder ruft er dabei seinen Jungs – allesamt Format Kleiderschrank – etwas zu und gestikuliert dabei wie ein Dirigent. Nur dass seinem Fingerzeig keine Geiger und Trompeter folgen, sondern Ton- und Lichttechniker.

Auf der Bühne herrscht Kabelsalat. Unzählige graue und schwarze Leitungen schlängeln sich zwischen Kisten, Boxen und Lampen umher. Vier Lichttechniker und acht Helfer versuchen hektisch, Ordnung in das Chaos zu bringen. Wie Wiesel schlüpfen sie zwischen den Scheinwerferleisten hindurch, sortieren armdicke Kabelstränge. Mike Wolf (32) und sein Kollege Leo Loers (18) sind schon einen Schritt weiter: Die beiden Veranstaltungstechniker haben für den Produktionsstrom gesorgt. Den „Saft" fürs Rockkonzert spendet ein lastwagengroßer Generator. Leistungsvermögen: 500 Kilowatt. Jetzt machen die beiden erst mal Pause. Sie schwingen sich auf einen Verteilerkasten, lassen lässig die Beine baumeln und köpfen eine Flasche Cola.

Klaus Neumann (29) guckt nur mal kurz neidisch herüber. Dann widmet er sich wieder der Montage seiner Zeltstangen. Schon seit vier Tagen sind er und seine sieben Kollegen dabei, die Zelte rund um die Bühne am Strand sowie hinter den Absperrungen aufzubauen. „Hier werden sich die Musiker wohl umziehen", vermutet er und deutet ins Nichts. Denn noch ist außer den Bodenplatten hinter der Bühne gar nichts zu sehen.

Nur drei Schritte weiter: Keine Spur mehr von Hektik, Schweiß und klingelnden Handys. Gisela und Ewald Baumann aus Stuttgart lehnen am Geländer der Mole und starren fassungslos auf das Stahlungetüm auf dem Strand.

„Was ist das denn?", fragen die beiden Rentner. Sie sind nach Travemünde gekommen, um hier ganz in Ruhe Urlaub zu machen. Daraus wird die nächsten drei Tage wohl nichts. Die beiden ergreifen bald die Flucht. Auch bei Gert Lienau ist nichts von Hektik zu spüren: In aller Ruhe baut er seine künstlichen Palmen am halbfertigen Bier-Stand auf. „Bisschen Karibik kann nicht schaden", nuschelt er grinsend, während er einen Palmwedel montiert.

AB 9: *Information in der Reportage (II)*

Unten auf dem Kinderspielplatz herrscht Hochbetrieb: Ein Heer kleiner Baggerarbeiter wühlt im Sand oder tobt sich auf den Spielgeräten aus. Ein Opa erhört das Betteln seines Enkels, greift sich das Karussell und bringt es für die vor Vergnügen kreischenden Kinder in Schwung, bis ihm der Schweiß von der Stirn läuft. Er lächelt glücklich und bemerkt kaum den jungen Bühnenarbeiter, der mit dem Handy in der einen Hand und einem Crêpe in der anderen Hand hektisch an ihm vorbeirennt. Und auch die beiden jungen Mütter, die von ihrer Bank aus mit Argusaugen ihre Kleinen im Sand bewachen, interessieren sich nicht für das Gerumpel in dem riesigen Lastwagen, aus dessen dunklen Bauch immer neue Kisten und Lautsprecher hervorquellen.

Aufgeregt? „Nee. Ick doch nicht. Ich bin jetzt seit sechs Jahren mit den Scorpions auf Tour, da ist man vor einem Konzert einfach irgendwann nicht mehr nervös. Alles Routine", sagt Produktionsleiter Köhnel während einer kleinen Zigarettenpause. Und auch Horst Schweder und sein Kollege haben gerade beschlossen, sich eine kurze Auszeit zu gönnen. Sie ziehen die Handschuhe aus, setzen sich auf eine Kiste und blicken verträumt einem Segelboot hinterher.

aus: „Lübecker Nachrichten" vom 29. 6. 2001

Dieser Überblick hilft dir beim Verfassen deiner Inhaltsangabe:

Originaltext	*Nacherzählung*	*Inhaltsangabe*
Der Seenotkreuzer „Adolph Bermpohl" stampfte durch die aufgewühlte See. Dem Vormann Uwe Schwesig schlug die Gischt in sein wettergegerbtes Gesicht. Er war immer wieder fasziniert von der Macht und der Gewalt des nassen Elementes. Minuten später geriet das Schiff in eine gefährliche Grundsee. Wellen schlugen über dem Kommandostand des Kreuzers zusammen und nahmen dem erfahrenen Kapitän die Sicht. Es war fraglich, ob sie den Havaristen noch rechtzeitig erreichen würden. (69 Wörter)	Der Seenotkreuzer „Adolph Bermpohl" kämpfte sich durch die aufgewühlte See. Minuten später schlugen Wellen über dem Schiff zusammen, so dass es fraglich war, ob man den Havaristen noch rechtzeitig erreichen würde. (31 Wörter)	Es war ungewiss, ob der durch die aufgewühlte See fahrende Seenotrettungskreuzer den Havaristen rechtzeitig erreichen würde. (16 Wörter)

AB 10: *Merkmale einer Reportage*

Merkmal	ja	nein
Wurde die Zeitform Präteritum benutzt?		
Wurde emotionslos geschrieben?		
Wurden Sachinformationen eingebettet?		
Erfährt der Leser stets etwas Neues?		
Ist die Sprache klar und anschaulich?		
Keine Absichtsbekundungen vorhanden?		
Keine allgemeine Vorrede vorhanden?		

Aufgabe: Forme die Reportage (AB 9) zu einer Nachricht (ca. 100 Wörter) um. Denke daran: In eine Nachricht gehören nur Fakten, keine Ausschmückungen, die Texte lebhaft und spannend machen. Beginne die Nachricht mit der Kernaussage des Textes. Führe dann weitere Einzelheiten an, geordnet nach abnehmender Wichtigkeit (siehe AB 3: *„Das Prinzip der umgekehrten Pyramide"*).

AB 11: *Von der Agenturmeldung zur Nachricht*

> **Aufgabe:** Schreibe anhand des Textes einer Nachrichtenagentur eine 10-Zeilen-Nachricht mit einer passenden Überschrift.

Nicht nur der Landjugendverband Schleswig-Holstein feiert dieses Jahr sein 50-jähriges Bestehen: Fast ebenso alt wird dieser Tage die 1952 aus der Landjugendgruppe Fockbek hervorgegangene *„Theatergruppe Schwesig"*, die nach ihrem Gründer und langjährigen Leiter Günter Schwesig benannt wurde. Vor 48 Jahren bat Rektor Rühmann von der damaligen Volksschule Fockbek den Lehrer Günter Schwesig, die Landjugendgruppe der Gemeinde zu betreuen. Der erfahrene Pädagoge bot den Jugendlichen gewissermaßen als *„Zerstreuung"* unter anderem an, plattdeutsches Laienspiel zu betreiben.

Mit dem Einakter *„De Isenbahn op Fehmarn"* gab die Gruppe theaterfreudiger Jungbauern ihr Bühnendebüt. Einer der Höhepunkte der auch heute noch überaus erfolgreich agierenden Laienspielerschar war eine Aufführung vor dem damaligen Bundeslandwirtschaftsminister und späteren Bundespräsidenten Heinrich Lübke. Der war anlässlich des in Fockbek stattfindenden Bundesleistungspflügens der Landjugend zur Siegerehrung erschienen.

Die erfolgreichsten Stücke, die unter der Regie Günter Schwesigs in „Paulsens Gasthof" einstudiert wurden, waren *„17 Sack Kaffee"* von Rudolf Kinau, *„Dat Stadtfrollein"* von Jürgen Borcherdt, *„Korl Gramlich regeert"* von Jens Exler und *„Diderk schall freen"* von August Hinrichs.

Die Mitglieder der Gruppe Schwesig sind echte Amateure. Mit den Einnahmen für die Auftritte lassen sich gerade die Unkosten decken, die durch Kostüme, Ausstattung und Bühnenbilder entstehen.

Der „Theaterchef" hatte bei der Auswahl und beim Einstudieren der Einakter immer eine glückliche Hand. Sein Theaterverstand gab ihm stets Recht, auch wenn die Schauspieltruppe einmal anderer Meinung gewesen war. Ein mit der Theaterarbeit der Bühnenakteure verbundenes Bonmot: Sprachliche Korrekturen konnte Konrektor Günter Schwesig nie anbringen. Er sprach nämlich kein Platt…

Nach 33 Jahren Theaterarbeit nahm Günter Schwesig aus Alters- und Gesundheitsgründen Abschied von der Bühne. Er starb am 28. Oktober als hoch geehrter Fockbeker Bürger, der sich um die Landjugend verdient gemacht hat.

(ENDE)

(Information für die Lehrkraft)

Das Interview

Das Interview hat seinen Ursprung Ende der sechziger Jahre des 19. Jahrhunderts in Amerika, wurde dann von der englischen Presse übernommen und konnte sich schließlich auch im deutschsprachigen Raum etablieren.

Ursprünglich verstand man das Wort „Interview" als Unterredung. Es hatte zweierlei Bedeutung: das recherchierende Gespräch des Journalisten und das in Dialogform abgedruckte Gespräch als eigenständige Textsorte.

Wichtig für die Qualität eines solchen Interviews ist die gute Vorbereitung des Fragestellers auf seinen Gesprächspartner und die Thematik. Das Interview kann der Journalist nutzen, um seinem Gegenüber durch geschickte Fragestellungen Informationen zu entlocken und sich nicht mit schwammigen, nichts sagenden Antworten zufrieden zu geben.

Werden Interviews fingiert, kann es für die Betrüger teuer werden. So musste die Illustrierte „Super Illu" 50 000 Euro Schmerzensgeld an den TV-Moderator Alfred Biolek zahlen, weil sie ein erfundenes Interview mit dem Entertainer veröffentlicht hat. Die Entscheidung der Pressekammer des Hamburger Landgerichts wurde damit begründet, es sei eine „schwerwiegende Persönlichkeitsverletzung" gewesen.

„Altmodisch, aber robust"

Peter Wright, Chefredakteur der britischen Zeitung „The Mail on Sunday", über seinen Streit mit Bundeskanzler Schröder, britisches Presserecht und englischen Humor

SPIEGEL: *Wirft das britische Königshaus nicht mehr genügend Klatsch ab, müssen Sie deshalb Ihre Leser mit importierten Gerüchten aus Deutschland füttern?*

Wright: Wir interessieren uns immer für solche Themen. Denken Sie nur an die Clinton-Affäre. Hatte er mit Monica Lewinsky Sex, hatte er keinen Sex, wie oft, warum? Das hat die Menschen auf der ganzen Welt bewegt. Weil es um eine moralische Frage ging: Darf ein Staatsmann lügen? Und in einem Punkt darf ich präzisieren*: Wir Briten hatten zwar etliche Skandale, aber noch keinen Premierminister, der zum vierten Mal verheiratet ist – nennt man Gerhard Schröder wegen der vier Ringe nicht den Audi-Kanzler?

SPIEGEL: *Was für eine Rolle spielt es bei der Beurteilung eines Politikers, wie oft er verheiratet war?*

Wright: Schröder ist ein Staatsmann, also interessiert er unsere Leser. Außerdem hat er seine Ehe als politische Waffe eingesetzt. Deshalb finde ich es seltsam, dass es plötzlich heißt: Stopp, seine Privatsphäre ist heilig! Warum haben sich die deutschen Journalisten eigentlich diesen Maulkorb anlegen lassen?

SPIEGEL: *Weil es einen Schutz der Privatsphäre gibt, und weil ein Gerücht, für das es nicht den geringsten Anhaltspunkt gibt, eine Lüge ist.*

Wright: Auch ein Gerücht ist ein Tatbestand, Leute reden darüber, es ist in der Welt, also kann man den Ursachen nachgehen. Jedenfalls kann man das in unserem Land. In Deutschland aber, dies lerne ich gerade, darf der mächtigste Politiker eine eher winzige Zeitung, die „Märkische Oderzeitung", vors Gericht zerren und bedrohen.

SPIEGEL: *Fürchten Sie sich vor deutschen Richtern?*

Wright: Wir wussten, dass die Story in England rechtlich unbedenklich war. Die Auslieferung nach Frankfurt haben wir storniert, normalerweise versenden wir 1500 Exemplare. Auf unserer Website stand auch nichts von dem Fall. Umso überraschter war ich, als erst der Brief von Schröders Anwalt kam und wir dann erfuhren, dass es in Hamburg eine gerichtliche Anhörung zu dem Fall gegeben hat. Und zwar ohne dass man uns zuvor benachrichtigt hätte. Inzwischen gibt es eine einstweilige Verfügung, man droht uns mit einer Geldstrafe von 250 000 Euro.

SPIEGEL: *Das empört Sie?*

WRIGHT: Das sind juristische Praktiken, wie ich sie mir für unser Land nicht wünsche.

SPIEGEL: *Haben Sie Beweise für Ihre Behauptung, der Kanzler habe eine Geliebte?*

Wright: Nein. Wir haben aber ein langes Interview mit Schröders Ex-Frau Hillu geführt. Sehr interessant. Sie hat scharfsinnige Einsichten in die deutsche Politik.

SPIEGEL: *Stammt der Hinweis auf die angebliche Geliebte etwa aus dieser Quelle?*

Wright: Dazu möchte ich mich – wie Sie wohl verstehen werden – nicht äußern.

SPIEGEL: *Man konnte hier zu Lande inzwischen lesen, dass Hiltrud Schröder dieses Interview nicht geführt haben will.*

Wright: Wirklich? Merkwürdig! Natürlich hat es stattgefunden, wir haben Aufzeichnungen, Belege, Fotos, aufgenommen in ihrem Wohnzimmer.

AB 12: *Ein Interview (II)*

SPIEGEL: *Ein deutsches Blatt darf nach deutschem Recht nicht einfach auf Verdacht hin etwas behaupten, ohne dafür stichhaltige Hinweise geben zu können.*

Wright: Davon habe ich gehört, Ihr System ist anders. Um Beweise ging es bei dieser Story gar nicht. Es war ein Test.

SPIEGEL: *Was für ein Test?*

Wright: Bei uns wird die europaweite Vereinheitlichung des Rechtssystems sehr kontrovers* diskutiert. Wenn Europa bis in die letzten, politisch instabilen* Winkel ausgeweitet wird, welche Maßstäbe gelten dann? Werden litauische Richter uns vorschreiben, was wir nicht tun sollen? Wir wollten ausprobieren, wie wir dastünden, wenn bei uns Schröder'sche Verhältnisse gelten würden.

SPIEGEL: *Ihr Fazit*?*

Wright: Es wäre schädlich. Bei uns steht ein Politiker unter permanenter* Beobachtung, er muss es hinnehmen, dass man ihn auch mal bei Kleinigkeiten auslacht. Zum Beispiel, wenn er sich bei seiner Anzugwahl vergreift. Das ist unsere demokratische Tradition. Bitte, sie ist etwas altmodisch, aber robust.

SPIEGEL: *Was hat ein Anzug mit Demokratie zu tun?*

Wright: Sehr viel. Tony Blair trat neulich in einem violettfarbenen Dress auf. Die Nation lachte, er musste das hinnehmen. Diese Respektlosigkeit, gepaart mit Humor, sorgt für Wachsamkeit und angemessene Schärfe.

SPIEGEL: *Ist es nicht eher ein Verlust an politischer Kultur, wenn Sie sich mit modischen Petitessen* beschäftigen?*

Wright: Das sehe ich anders. Ich spreche von dem Verhältnis zwischen der politischen Klasse und dem Volk. Unterwürfigkeit, die Etablierung* von Tabus* – in so einem Klima können auch die großen Fragen nicht mehr offen diskutiert werden.

SPIEGEL: *War es notwendig, dass Sie nun für Ihre deutschen Leser eine Hotline eingerichtet haben, bei der sie Enthüllungen über den Kanzler loswerden können?*

Wright: Das ist eine Geste: Wir lassen uns nicht mundtot machen. Außerdem haben wir bereits zwei, drei interessante Hinweise erhalten.

Interview: Ralf Hoppe – aus: „DER SPIEGEL" 5/2003

---

*präzisieren: genauer ausdrücken / *kontrovers: strittig, umstritten, „entgegengesetzt" / *instabil: unbeständig / *Fazit: Schlussfolgerung / *permanent: dauernd / *Petitesse: Geringfügigkeit / *Etablierung: Einrichtung / *Tabu: ungeschriebenes Gesetz, das aufgrund bestimmter Anschauungen verbietet, bestimmte Dinge zu tun bzw. über bestimmte Dinge zu informieren

---

Aufgaben:
- Was meint Wright mit den *„Schröder'schen Verhältnissen"*?
- Wofür war die Veröffentlichung des angeblichen Seitensprungs Schröders ein Test?
- Glaubst du die Begründung mit einem „Test" für die Veröffentlichung?
- Was ist eine *„einstweilige Verfügung"*?
- Ist die Vorgehensweise Wrights mit dem Pressekodex vereinbar?
- Sind dir andere Tabus bekannt, die sich die Presse auferlegt hat?
- Was findest du im Internet zum Thema „politische Korrektheit" (political correctness)?

AB 13: *Theoretisches zum Interview (I)*

Die **Fragen**, die in einem Interview gestellt werden, sollten im Allgemeinen möglichst kurz, in jedem Fall aber so präzis wie möglich sein. Sie müssen einen wirklich initiierenden Charakter haben, d. h. ihre Äußerung sollte den interviewten Gesprächspartner selbst dann zu einer Reaktion zwingen, wenn er eigentlich auf die jeweilige Frage keine Antwort weiß und u. U. „nur" mit einer Gegenfrage antwortet.

Der Aspekt der Responsivität

Die Antwort bzw. der respondierende Akt des Interviewten (lat. respondere: antworten) sollte vom Interviewer im Geiste auf seine **Responsivität** (= Wert der Antwort) überprüft werden. Dabei muss er klären,
- ob die Antwort des Interviewten Intention und Inhalt der Frage aufnimmt und damit responsiv ist oder
- ob sie nur einen inhaltlichen Teil berücksichtigt (Teilresponsivität) oder
- ob sie auf keines von beidem eingeht (Nonresponsivität).

Als Ergebnis dieser Überprüfung ergibt sich z. B. die Notwendigkeit nochmals nachzufragen.

Fragearten

Die Fragen, die in einem Interview gestellt werden, müssen natürlich nicht grundsätzlich die grammatische Form des Fragesatzes aufweisen. Eine Frage kann auch in Impulsform ohne diese grammatischen Regeln gestellt sein, wobei der Intonation dann besondere Bedeutung zukommt. Wichtig für das Interview ist vor allem, dass Fragen und Impulse wirklich initiierende Akte sind, d. h. den Interviewten zu einer Antwort „nötigen".

Welche **Fragearten** man beim Interview letztendlich bevorzugt, hängt von verschiedenen Faktoren (Gegenstand, Persönlichkeit, Kompetenz des Interviewten etc.) ab. Unter dem Blickwinkel verschiedener wissenschaftlicher Ansätze ergeben sich dabei unterschiedliche Typologien:

Sprechakt Frage

Unter sprechakttheoretischen Gesichtspunkten gehören die Fragen zu den den Partner festlegenden Sprechakten. Mit diesem Sprechakt will ein Sprecher **sein eigenes Wissen dadurch erweitern, dass er seinen Partner zu einer Äußerung veranlasst**. Fragen lassen sich danach in verschiedenen Formen realisieren:

- Als initiierender Akt in einem Interview ist die **Entscheidungsfrage** besonders gut geeignet, den interviewten Gesprächspartner zu einer Antwort zu veranlassen (respondierender Akt), die responsiv ist, d. h. Intention und Inhalt der Frage aufnimmt (vgl. geschlossene Frage).

- Die **Ergänzungsfrage** (Sachfrage) eignet sich im Interview als initiierender Akt besonders dazu, den interviewten Gesprächspartner zu einer detaillierten Antwort zu einem bestimmten Sachverhalt zu veranlassen (respondierender Akt). Allerdings besteht hierbei leicht die Tendenz, dass die Antwort nicht unbedingt responsiv ausfällt, d. h. Intention und Inhalt der Frage aufnimmt.

- Wer seinem Interviewpartner im Interview eine **Alternativfrage** stellt, will dem Interviewten nur eine Alternative lassen und erwartet, dass er sich für eine der beiden Alternativen entscheidet. Im Interview ist die Alternativfrage daher als initiierender Akt gut geeignet, den interviewten Gesprächspartner zu einer Antwort zu veranlassen (respondierender Akt), die responsiv ist, d. h. Intention und Inhalt der Frage aufnimmt. Allerdings ist damit zu rechnen, dass der Interviewte u. U. auf diese „Art kolloquialer Nötigung" nicht gerade freundlich reagiert.

AB 13: *Theoretisches zum Interview (II)*

- Mit einer **Rückfrage**, deren Gestalt immer davon abhängt, was zuvor geäußert worden ist, will der Interviewer herausfinden, ob er die Antwort des Interviewten richtig verstanden hat. Im Interview ist die Rückfrage als initiierender Akt stets eine **Nachfrage**, mit der der Interviewer den interviewten Gesprächspartner im Allgemeinen zu einer präziseren oder umfassenderen Antwort veranlassen will (respondierender Akt). Grund für die Rückfrage ist dabei häufig, dass die vorausgegangene Antwort nur teilweise responsiv gewesen ist, d. h. nur einen bestimmten inhaltlichen Teil der Frage aufgenommen hat.

Die inhaltliche Leistung der Fragen

Nach ihrer inhaltlichen Leistung kann man auch die folgenden Fragearten unterscheiden, die für das Interview von Belang sind:

- **Geschlossene Fragen** lassen dem Gefragten nur die Möglichkeit, sich mit Ja oder Nein oder für eine vorgegebene Alternative zu entscheiden (= Entscheidungsfragen).

- **Offene Fragen** lassen dem Gefragten die Möglichkeit, eine eigene Wahl zu treffen oder auch weitere Ausführungen zu machen.

- **Tendenzfragen** sind so formuliert, dass eine erwünschte Antwort nahe gelegt wird. Derartig suggestive Fragen, bei denen klar ist, welche Antwort dem Interviewenden am liebsten wäre, sind selbstverständlich kein empfehlenswerter journalistischer Stil.

- **Vergewisserungsfragen** werden gestellt, wenn man bestätigt sehen will, dass das, was behauptet oder vermutet wird, tatsächlich stimmt (...).

Quelle: http://www.teachsam.de/deutsch/d_schreibf/schr_beruf/jourtex/jou_interview/jou_interv_5_2.htm

Aufgabe: Lies dir noch einmal das Interview (AB 12) durch und achte dabei auf die Art der Fragen.
Ordne in der Tabelle (Abb. 14) die Fragen den einzelnen Fragearten richtig zu.

AB 14: *Frageformen* 31

Entscheidungsfragen	geschlossene Fragen	Alternativfragen	Rückfragen

Vergewisserungsfragen	Ergänzungsfragen	offene Fragen	Tendenzfragen

Tipp: Einige Fragen lassen sich nicht nur einer Frage-Art zuordnen!

(Information für die Lehrkraft)

Der Kommentar

Der Kommentar ist eine interpretierende, wertende Anmerkung zu einer aktuellen Nachricht oder einem Thema, das die Öffentlichkeit interessieren könnte oder sollte. Da ein Kommentar die persönliche Meinung des Autors wiedergibt, ist er immer mit dem Namen oder dem Namenskürzel des Urhebers kenntlich gemacht.

Die Schüler kann man Kommentare in der Zeitung suchen lassen. Sind es immer dieselben Verfasser? Erscheinen in einer Ausgabe mehrere Kommentare? Wenn ja, gibt es dafür besondere Plätze?

Um den Schülern den Unterschied zwischen einer informierenden und einer meinungsäußernden Textsorte aufzuzeigen, empfiehlt sich die Gegenüberstellung einer Nachricht und eines Kommentars zur selben Thematik, ohne diese Textsorten ausdrücklich zu kennzeichnen.

Die Schüler sollen ihre Entscheidung, welches der Kommentar und welches die Nachricht ist, begründen. Einen Kommentar – dies soll ein Fazit sein – muss man komplett lesen, während eine Nachricht als solche bereits durch „Anlesen" erkennbar ist.

AB 15: *Nachricht oder Kommentar? (I)* 33

Aufgabe: Lies die Texte von AB 15 (I) und 15 (II). Welcher der Texte stellt eine *Nachricht* und welcher einen *Kommentar* dar? Begründe. Unterstreiche Formulierungen, Wörter und Sätze, die die persönliche Meinung des Kommentators wiedergeben.

Keine Entschuldigung von der PDS für die Mauer

Berlin – Die PDS-Spitze hat den Bau der Berliner Mauer verurteilt, auf eine Entschuldigung für die Toten an der innerdeutschen Grenze aber verzichtet. PDS-Chefin Gabi Zimmer sagte in Berlin, die gestern vom Parteivorstand beschlossene Erklärung zum Bau der Mauer am 13. August 1961 gehe über eine „bloße Entschuldigung" hinaus.

Die Parteispitze habe damit eine Position formuliert, „mit der wir in Partei und Öffentlichkeit um Vertrauen in die Entwicklung der PDS werben können". Einen Zusammenhang mit den Neuwahlen in Berlin und einer möglichen Koalition mit der SPD verneinte Zimmer. Die einzige Gegenstimme kam von der Sprecherin der Kommunistischen Plattform, Sahra Wagenknecht.

Keine Mehrheit fand ein Antrag des Vize-Ministerpräsidenten von Mecklenburg-Vorpommern, Helmut Holter. Außer ihm habe nur noch ein Vorstandsmitglied für die Aufnahme des Satzes „Wir bitten die Leidtragenden in Ost und West um Entschuldigung" gestimmt, sagte Holter.

Außerhalb der PDS stößt die Erklärung auf Skepsis. FDP-Generalsekretärin Cornelia Pieper sagte, es handele sich um den Versuch, „die SED-Vergangenheit schönzureden". Was fehle, sei „eine klare Stellungnahme" zur freiheitlich-demokratischen Grundordnung. Die Bundesbeauftragte für Stasi-Unterlagen, Marianne Birthler, sagte, es werde deutlich, „wie sehr die PDS auf ihr rückwärts gewandtes Milieu Rücksicht nehmen muss".

aus: „Hamburger Abendblatt" vom 3. 7. 2001

Das Brandenburger Tor bei Nacht: Einige ruhen sich auf der Mauer aus, andere diskutieren die neue Situation in Berlin.

Wie Erinnerung selektiert wird

Die PDS profitiert von der fatalen Einäugigkeit der politisch Korrekten

Von Cora Stephan

Die PDS ist nicht verboten, also kann man mit ihr koalieren. Mehr wäre zur Berliner Koalition aus PDS, SPD und Grünen nicht zu sagen – wäre da nicht die Sache mit den schwarz-grünen Koalitionsverhandlungen in Frankfurt am Main. Sie scheiterten jüngst daran, dass das Mitglied einer Rechtspartei zum Ehrenmagistratsmitglied gewählt worden war. Auch diese Partei ist nicht verboten. Der Comment* der anderen Parteien lautet indes, die braunen Schmuddelkinder möglichst kaltzustellen. (...)

Die Rechten stehen in der Nachfolge der Nazis, denen wir ein „Nie wieder" geschworen haben, lautet das Argument im einen Fall. Die Hexenjagd müsse aufhören, und man dürfe die ostdeutsche Bevölkerung nicht diskriminieren*, so oder ähnlich hört man es im anderen Fall.

Unter normalen Bedingungen müsste man das ein Messen mit zweierlei Maß nennen. Die PDS entstammt immerhin einer Bewegung, in der Ströme von Menschenblut flossen für die Morgenröte einer besseren Welt. Aber diese Schizophrenie* entspricht der makabren* Logik deutscher Erinnerungspolitik. (...)

Rechtsparteien werden tabuiert* der Vergangenheit wegen – zu Gunsten einer Koalition* mit der PDS aber wird die Vergangenheit tabuiert*. Das ist nicht mehr nur geschmacklos, das ist ein Trauerspiel. Und die Reaktionen? (...) Weder konservative Stimmen noch die antitotalitäre Linke melden sich mit der gebührenden Vehemenz* zu Wort. (...)

Auschwitz ist das Wort für all das, was nicht vergessen werden darf. Und zugleich ist es die Metapher*, ja die Entschuldigung für Verdrängung geworden. Die deutsche Teilung? Sühne für Auschwitz – so begründete Fischer noch 1990 seine Ablehnung der Vereinigung. Das autoritäre* Regime der DDR? Sühne für Hitler. Und die Mauer? Sie hieß nicht umsonst antifaschistischer Schutzwall. (...)

Ausgerechnet die Deutschen, Musterknaben der Demokratie, Beschützer der Menschenrechte, nehmen Verbrechen wider die Menschlichkeit nur da wahr, wo es ins eingebläute politische Raster passt. (...)

aus: „Die Welt" vom 3. 7. 2001 (gekürzt)

---

*Comment: hier: stille Übereinkunft / *diskriminieren: durch (unzutreffende) Äußerungen, Behauptungen in der Öffentlichkeit dem Ansehen oder Ruf eines anderen schaden, ihn herabsetzen; ihn benachteiligen / *Schizophrenie: psychische Erkrankung mit Wahrnehmungsstörungen (Wahnvorstellungen); (ugs.) innere Widersprüchlichkeit, Zwiespältigkeit, Unsinnigkeit, absurdes Verhalten / *makaber: mit Tod und Vergänglichkeit Scherz treibend / *tabuieren: für tabu erklären; ungeschriebenes Gesetz, das aufgrund bestimmter Anschauungen verbietet, bestimmte Dinge zu tun oder zu erklären bzw. zu schreiben / *Koalition: Bündnis mehrerer Parteien oder Staaten zur Durchsetzung ihrer Ziele / *Vehemenz: Heftigkeit, Ungestüm, Elan / *Metapher: sprachlicher Ausdruck, bei dem ein Wort, eine Wortgruppe aus seinem eigentlichen Bedeutungszusammenhang in einen anderen übertragen wird, ohne dass ein direkter Vergleich zwischen Bezeichnendem und Bezeichnetem vorliegt (z. B. das Haupt der Familie) / *autoritär: unbedingten Gehorsam fordernd

▶ Hinweis für die Lehrkraft: siehe auch Exkurs IV/I (Seite 89).

AB 16: *Ein Thema, zwei Meinungen*

Aufgabe: Lies beide Kommentare. Was ergibt der Vergleich?

1 Verräterische Worte

Von EGBERT NIESSLER

Sprache hat etwas Entlarvendes. Der „stalinistisch geprägte Sozialismustyp in der DDR" sei dem „realen damaligen Kapitalismustyp in der Bundesrepublik" unterlegen gewesen, heißt es im Papier des PDS-Vorstandes zum 40. Jahrestag des Mauerbaus. Das klingt nicht nur nach „real existierendem Sozialismus", es ist wohl auch so gemeint. Denn im Umkehrschluss soll es nichts anderes bedeuten, als dass der nächste Sozialismusversuch dem „real existierenden Kapitalismus" überlegen sein wird.

Und bei aller Einsicht, von der da im Vorstandspapier der Linkssozialisten die Rede ist, klingt doch immer wieder die Weltgeschichte als eigentliches Übel durch. Weltfrieden, Exodus, Staat, historische Umstände ... Ausgeblendet bleibt, dass auch historische Umstände von Menschen gemacht werden, die einen Namen und ein Gesicht haben, die auch persönliche Verantwortung für ihr Tun tragen. Viele davon sind nicht im Vorstand der PDS – aber Mitglied in der Partei.

Deswegen kommt den Genossen noch immer nicht der Versuch über die Lippen, die Opfer um Entschuldigung zu bitten. Dafür steht der Satz im Papier: „Das Schicksal der Opfer und die Einschränkungen der Würde und der Lebenswege vieler Menschen berühren uns tief." Wenn dem so wäre, gäbe es keinen Grund, die SED unter anderem Namen, eben PDS, weiterzuführen.

aus: „Hamburger Abendblatt" vom 3. 7. 2001

2 Die Wahrheit der DDR

Von MICHAEL STÜRMER

Die Erben der SED genießen die Früchte von deren Tun. Doch mit der Mauer, Bedingung des Bestands der DDR, wollen sie nichts zu tun haben. Aber wer in die Nachfolge der Diktaturpartei eintritt, entgeht der Verantwortung nicht. Selbst mit jener Floskel, die in dem Wort Entschuldigung liegt, tun die PDS-Aktiven sich schwer. Und es wäre auch nichts als eine Peinlichkeit, inhaltsleer und taktisch. Was immer SED alt und PDS neu unterscheiden mag, zusammen wissen die Genossen eines: Die Mauer war die Wahrheit der DDR. Ohne die Mauer und ihre unbarmherzige Bewachung konnte, was Willy Brandt einmal ein großes KZ nannte, nicht sein. Als die Mauer fiel, musste die DDR hinterher.

Der Mauerbau habe Krieg verhindert? Das ist die schamloseste aller Einlassungen. Es will sagen, dass nicht die deutschen Knechte Stalins schuld waren am Bestreben von Millionen Menschen, sich Stasi, Dumpfheit und Heuchelei zu entziehen. Stattdessen wird zynisch denen, die Würde und Lebenserfüllung durch Flucht zu retten suchten, Kriegsverursachung unterstellt. Verbrechen gegen die Menschlichkeit als System: Das war es, was die DDR beisammenhielt.

Das Völkerrecht geht heute in die Richtung, die UN-Generalsekretär Kofi Annan mit der Forderung wies, es dürfe Staatssouveränität nicht Schutzmauer sein für Regime, die ihre Bürger einsperren und durch Folter und Todesdrohung regieren. Das ist der Maßstab, an dem die SED-Diktatur von ehedem zu messen ist, nicht anders als die demokratische Konvertierbarkeit ihrer Erben. Wer sich mit ihnen einlässt, mit oder ohne dahingesprochene Entschuldigung, gerät in die moralisch-politische Schieflage.

aus: „Die Welt" vom 3. 7. 2001

Auswendig lernen, bitte!

Deutschland, das Volk der Dichter und Denker? Das war einmal. Wir leben zwar immer noch im Land von Goethe, Schiller und Fontane – bloß scheint das vielen schnurz zu sein. Nur jeder Zweite kann ein Gedicht aufsagen; zu diesem bitteren Ergebnis kommt die Nürnberger Gesellschaft für Konsumforschung. 1000 Bundesbürger hat das Institut befragt, 50 Prozent der Deutschen gaben zu, kein noch so kleines Gedicht auswendig zu können. Bei der anderen Hälfte reichte es meist nur zu ein paar gängigen Versen. Die Hits dabei waren Klassiker wie Schillers „Die Glocke" oder der „Erlkönig" von Goethe. Auf Besserung lässt hoffen, dass junge Leute sicherer rezitieren* als ältere. Ein Drittel der 14- bis 29-Jährigen kann ein bis zwei Gedichte, bei den 50- bis 59-Jährigen sind es nur 18 Prozent. (...)

aus: „Lübecker Nachrichten" vom 28. 2. 2003

*rezitieren: etwas künstlerisch gestaltet vortragen, beispielsweise ein Gedicht gut und passend betont aufsagen

Aufgabe: Schreibe einen Kommentar zum Thema.

AB 18: *„Wenn ich Journalist wäre…"*

„Wenn ich Journalist wäre…"

Begründung

… würde ich meine Meinung gar nicht mitteilen, sondern nur über Fakten schreiben. ☐ JA ☐ NEIN	
… würde ich Meinungen der Journalisten auf einer gesonderten Seite der Zeitung abdrucken. ☐ JA ☐ NEIN	
… würde ich Meinungen der Journalisten gesondert neben oder unter dem Artikel abdrucken, auf den sie sich beziehen. ☐ JA ☐ NEIN	
… würde ich dafür sein, dass Journalisten ihre Meinung in die Artikel einfließen lassen können, aber es muss leicht sein, sie als Meinung zu erkennen. ☐ JA ☐ NEIN	

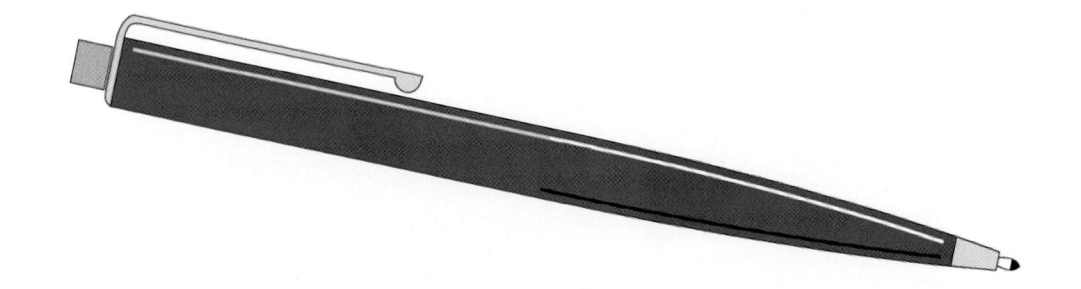

(Information für die Lehrkraft)

Die Glosse

Glossen sind scharf pointierte Meinungsbeiträge, die sich meist in überregionalen Zeitungen regelmäßig finden.

Die Glosse – ursprünglich eine Randbemerkung in wissenschaftlichen Werken – setzt Hintergrundwissen voraus, um die Polemik, Ironie und sprachliche Spitzfindigkeiten zu verstehen.

Die von uns ausgesuchte Glosse sollte auf vorhandenem Wissen der Schüler aufbauen können.

AB 19: *Was will die Glosse sagen?*

Aufgabe: Lies die Glosse *„Bier her, Bier her"*. Überlege, was der Autor kritisiert.

Bier her, Bier her

Was wäre Lara Croft ohne ihre, nun ja, sehr enorme Oberweite? Ganz klar: Lara Croft wäre nicht mal flachbrüstig! Minnie Maus oder Daisy Duck dagegen sind mit Brüsten undenkbar, selbst wenn es bescheidenere als die der Computerfigur wären. Obelix ist ohne seinen dicken Bauch nicht vorzustellen, auch wenn die Gefräßigkeit des Galliers kein gutes Vorbild für Kinder abgibt. Man soll auch nicht behaupten, das dynamische Duo Batman & Robin sei eigentlich schwul, obwohl vieles dafür spricht.

Comic-Figuren entstehen aus zugeschriebenen Eigenschaften. Man kann die gewöhnliche Eindimensionalität kritisieren, darf das aber nicht mit dem echten Leben verwechseln. Hier ist jetzt eine Geschichte anzuzeigen, die mitten aus dem Leben gegriffen ist und etwas über die kleinen Unterschiede von Europa und USA erzählt.

Wir Deutsche kennen die Comicfigur des Werner Wernersen mittlerweile ziemlich gut, Werner Wernersen fährt gern Motorrad, ärgert seine humorlose Umwelt, hinterlässt Blechschäden aller Art und betrinkt seine Abenteuer mit Bier, viel Bier. Der Proll-Held amüsiert durch alle Schichten, Comics und die Kino-Filme haben ein hierzulande verblüffend großes Publikum gefunden. Die Worte „Bölkstoff" und „Flaschbier" perlen seit dem Erfolgszug von Werner dem Normalsterblichen locker über die Lippen.

In den USA wird jetzt eine 26-teilige Zeichentrickserie mit Werner fürs Fernsehen gedreht, es gibt nur ein kleines Problem. Werner soll sein Bölkstoff genommen werden. Die unkritische Verherrlichung von Alkohol, noch dazu beim Motorradfahren, wird in den USA nämlich gar nicht gerne gesehen. Das sind unamerikanische Gepflogenheiten. Also macht die Figur ihre Späße ohne Flaschbier, was uns an Alkoholverherrlichung gewöhnten Europäern ein wenig schal und abgestanden erscheint, denn Werners Wesen entsteht aus dem Geist der Flasche, sonst ist da nämlich nichts.

Das wechselseitige Verständnis der Nationen befindet sich irgendwie auf Comic-Niveau. Unsere Forderungen sind deshalb bierernst: Superman sollte sofort unter UN-Mandat gestellt werden! Verbietet Woody Allen die jüdischen Witze! Entzieht James Bond die Lizenz zum Töten! Macht die Welt, bitte bitte, ein bisschen lieber!

aus: „Die Welt" vom 27. 6. 2001 (Autor: Holger Kreitling)

(Information für die Lehrkraft)

Die Karikatur

Die Karikatur veranschaulicht ein Thema auf witzige, satirische Art und überspitzt inhaltlich. Sie kann ernste und lustige Inhalte thematisieren – wie auch die Glosse.

Die Karikatur ist eine gezeichnete Meinungsäußerung des Karikaturisten. Um eine Karikatur zu verstehen, muss man wissen, um welches Thema es geht. Man benötigt also entsprechende politische und z. T. geschichtliche Hintergrundinformationen. In der unten abgebildeten Karikatur geht es um eine Äußerung des damaligen Ministerpräsidenten von Niedersachsen, Gerhard Schröder, in einem Interview mit Redakteuren einer Schülerzeitung im Jahre 1997. Schröder bezeichnete dabei Lehrer als „*faule Säcke*", um sich bei den Schülerinnen und Schülern beliebt zu machen.

Unterrichtsvorbereitung eines Lehrers:

Mal sehen, was ich heute mit meiner Klasse mache ...

Gerhard Schröder hatte Recht: Lehrer sind faule Säcke!

AB 20: *Eine Karikatur* 41

Aufgabe: Schau dir die Karikatur an: Sie entstand im Dezember 1999. Was ist dargestellt?

„Meier hält sich wieder für'n Computer!"

AB 21: *Eine Karikatur verändern*

Aufgabe: Schau dir die Karikatur aus den „*Lübecker Nachrichten*" vom 22. 12. 2002 an: Sie zeigt den amerikanischen Präsidenten Georg W. Bush. Greife ein Thema aus deinem Leben auf und versuche, durch Verändern der Karikatur (Details und Texte) eine andere Aussage zu erreichen.

Die Würfel sind noch nicht gefallen ...!

Der Bush-Countdown läuft ...

AB 22: *Der Text zur Karikatur* 43

Aufgabe: Vervollständige diese Karikatur. Bringe zum Ausdruck, dass viele Menschen dem Euro immer noch misstrauen. Was könnte in der Sprech- und in der Gedankenblase stehen?

(Information für die Lehrkraft)

Die Kritik/Die Rezension

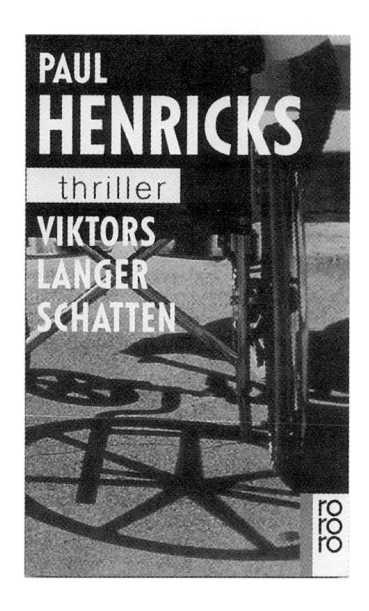

Die meinungsäußernden Textformen des Kulturteils einer Zeitung, des „Feuilletons", werden mit den Begriffen „Kritik" und „Rezension" bezeichnet. Unterrichtung über einen Sachverhalt und zugleich dessen Beurteilung verschmelzen miteinander: Das ist bei dieser Textsorte erlaubt und wird vom Leser auch so erwartet.

Die Autoren beschäftigen sich – dies lässt sich bereits bei der Platzierung im Kulturteil der Zeitung erkennen – mit Ereignissen des kulturellen Lebens, wie z. B. Theateraufführungen, Filmen, Konzerten, CD's, Büchern und künstlerischen Aktionen. Aufgrund der Konkurrenz locker formulierter Szene-, Kultur- und Jugendzeitschriften bemühen sich die Journalisten um einen flotten Schreibstil, der zum Lesen einladen soll. Auf den moralisch erhobenen Zeigefinger wird zunehmend verzichtet.

Mit Schülern kann man diese Textsorte erarbeiten, indem man ihnen beispielsweise die Aufgabe gibt, ein Buch vorzustellen, das sie gelesen haben. Dabei lernen sie, dass die Rezension nicht nur wertenden, sondern auch informierenden Charakter hat: Der Leser muss auch etwas über den Inhalt des Buches erfahren.

Eine weitere Möglichkeit wäre, sich mit der Lokalredaktion der Zeitung in Verbindung zu setzen, um zu erfahren, von welchem kulturellen Ereignis eine Kritik geplant ist. Dieses Ereignis könnten die Schüler dann selbst besuchen und später ihre Eindrücke mit denen des Zeitungskritikers vergleichen.

Die Schüler sollen in einer Diskussion an Folgendes herangeführt werden:

– Was muss die Rezension enthalten?
– Was erwartet der Leser von einer Besprechung?
– Was möchte der Autor beim Leser erreichen?

Eine Rezension besteht aus folgenden Elementen:

– kurze Inhaltsangabe
– Mitteilungen über den Buchautor (soweit verifizierbar)
– Aussagen über Stil und Aufbau des Buches (evtl. durch Zitate belegen)
– bei Sachbüchern recherchieren, ob Sachkenntnis des Buchautors tatsächlich vorhanden ist
– ein begründetes Urteil, das dem Leser das Buch empfiehlt oder ihm davon abrät
– bibliographische Angaben: Autor, Titel, Verlagsort, Verlag, Erscheinungsjahr, Seitenzahl, Preis

Nach: Eva Brand u. a. (Hrsg.): „Die Zeitung im Unterricht", S. 604.

AB 23: *Analyse einer Rezension (I)*

Aufgaben:
- Lies die Buchvorstellung des Verlages und vergleiche sie mit der Buchbesprechung (Rezension) aus dem SPIEGEL (AB 23/II).
- Worin unterscheidet sich die Verlagsmitteilung von der Rezension? Warum?
- Zu welchem Urteil kommt der Autor Romain Leick? Wie begründet er es?
- Kannst du Leicks Argumentation und Einschätzung folgen?
- Begründe deine Meinung. Diskutiert in der Klasse darüber.
- Schreibe eine Rezension über ein Buch deiner Wahl.

Träume zwischen den Fronten — Verlagsmitteilung

Randa Ghazy erzählt von einer Gruppe junger Palästinenser und der Gewalt, die jeder von ihnen im Alltag erlebt.

Sie sind ein bunter Haufen: Sechs junge Leute leben in einer Wohngemeinschaft in den besetzten palästinensischen Gebieten. Dass ausgerechnet diese sechs zusammenleben, hat einen Grund: Mohamed, dem das Haus gehört, hat sie alle bei einem israelischen Angriff gerettet. Jeder der sechs ist von Krieg, Hass und Verlust geprägt – und jeder versucht auf seine Weise, das Erlebte zu verarbeiten: Der 15-jährige Hitzkopf Ualid will lieber Steine werfen als die Schule besuchen. Ganz anders denkt Ibrahim, der im Koran einen Weg für Frieden und Gerechtigkeit sucht. In der Wohngemeinschaft haben die jungen Leute eine Nische gefunden, in der sie einigermaßen ruhig leben und ihre Traumata verarbeiten können. Doch dann kommt die Nacht, in der Ualids Übermut vielen von ihnen das Leben kosten wird ...

Der Konflikt zwischen Palästinensern und Israelis füllt jeden Tag die Schlagzeilen – aber viele Menschen in der westlichen Welt schauen gar nicht mehr hin. Die junge Italienerin Randa Ghazy konnte das nicht mehr ertragen und hat ihrer Ohnmacht und Wut über die Gewalt im Nahen Osten und die Lethargie* der westlichen Welt in einem außergewöhnlichen Roman eine Stimme gegeben.

Sie erzählt von einer Gruppe junger Palästinenser, die in einer Wohngemeinschaft zusammenleben, und der Gewalt, die jeder von ihnen in seinem Alltag erfährt. Randa Ghazy gelingt eine fiktive Innensicht der Zustände auf hohem sprachlichem Niveau. Ihr Roman schockiert und berührt – und zwingt den Leser zum Nachdenken.

„Ich träume von einem Palästina, das neben Israel existieren kann, und von einer Welt, die aufmerksamer und gerechter ist und dem Leid der Israelis und Palästinenser endlich ein Ende setzt", sagt Randa Ghazy. Im Herbst 2001 sah sie im Fernsehen die Tötung des 12-jährigen palästinensischen Jungen Mohammed Gamal Aldorra, der vor laufenden Kameras in den Armen seines Vaters starb. Um diese Bilder zu verarbeiten, begann Randa zu schreiben, informierte sich intensiv über die Wirklichkeit im Nahen Osten und reichte ihren literarischen Versuch schließlich bei einem Schreibwettbewerb ein. Ihre außergewöhnliche Stimme erregte die Aufmerksamkeit des italienischen Verlags Fabbri. Die Entstehung des vorliegenden Romans nahm ihren Lauf ...

Randa Ghazy wurde als Tochter ägyptischer Eltern in Italien geboren. Sie besucht ein humanistisches Gymnasium* in der Nähe von Mailand. Die 15-Jährige begeistert sich für Denzel Washington und Julia Roberts, ist aber zugleich ein sehr nachdenkliches Mädchen, das viel liest und sich für historische Themen interessiert.

Randa Ghazy
Palästina – Träume zwischen den Fronten
Aus dem Italienischen von Nicola Bardola
214 Seiten
Junge Erwachsene
€ 9,95; SFr. 17,80
ISBN 3-473-35242-X

---

*Lethargie: körperliche oder seelische Trägheit /
*humanistisches Gymnasium: altsprachliches Gymnasium (Griechisch und Latein sind Ausbildungsschwerpunkte)

ZENSUR

Nichts als Hass

*Der antiisraelische Roman einer 15-jährigen Muslimin macht in Frankreich Furore –
wird der Innenminister das Buch verbieten?*

Schon der Name verkündet seinen Lebensauftrag. Gihad (sprich: Dschihad*) heißt der junge Palästinenser, der seinen Freunden stolz erklärt: „Ein ruhmreicher Name!" Es sei „einer jener Namen, die in Kriegszeiten geprägt wurden"! Die Familie Gihads und seiner Schwester Riham wurde ausgelöscht, als beide noch Kinder waren. An jenem Tag drangen die Panzer in das Dorf ein, und die Soldaten schossen auf alle, die sie fanden, Frauen, Alte, Kinder. Sie drangen in alle Häuser ein, steckten einige in Brand, während die Familien noch drinnen waren, in anderen vergewaltigten sie die Frauen, stahlen das Geld und zerstörten alles.

Halt, zu viel? Nein, für die kindliche Fantasie noch nicht genug. „Sie schlugen die Alten und brachen den Kindern die Knochen, töteten sie aber nicht, damit die Erwachsenen noch lange mit Kindern leben sollten, die als Behinderte aufwuchsen und die den Familien zur Last fielen, damit die Leute jene Kinder schließlich hassten."

Darf man derlei veröffentlichen, darf man israelische Soldaten so beschreiben, als wären sie eine Einheit der SS-Division „Das Reich" bei der Brandschatzung von Oradour-sur-Glane?

Ein junges Mädchen, gerade 15 Jahre alt, hat es getan – und Frankreich hat damit einen Buchskandal. Randa Ghazy hat nie am Schauplatz ihres Romans, dem Gaza-Streifen, gelebt. Den israelisch-palästinensischen Konflikt kennt sie nur aus den Medien. Sie ist als Tochter ägyptischer Eltern in Italien geboren und geht in der Nähe von Mailand aufs Gymnasium.

Als ihr Werk „Sognando Palestina" im Frühjahr in Italien herauskam, gab es keinerlei Empörung, obwohl 13 000 Exemplare verkauft wurden. Aber die französische Ausgabe, im November erschienen, rief das Simon Wiesenthal Center in Los Angeles, den Repräsentativen Rat der jüdischen Institutionen in Frankreich, die Liga gegen Rassismus und Antisemitismus sowie „Anwälte ohne Grenzen" auf den Plan. Einige Dutzend Demonstranten protestierten vorletzte Woche vor dem Verlag Flammarion in Paris gegen diese „Apologie* der terroristischen Gewalt und des Djihad*". Der Befund ist sicher richtig. Aber rechtfertigt er den Ruf nach staatlicher Zensur* bei einem Buch, das Fiktion sein will und sich somit auf künstlerische Freiheit berufen kann? Das muss jetzt Innenminister Nicolas Sarkozy entscheiden. Denn Flammarion hat sich eine vielleicht entscheidende juristische Blöße gegeben: „Rêver la Palestine" wendet sich ausdrücklich an Jugendliche ab 13 Jahren. Damit unterliegt es dem französischen Jugendschutzgesetz von 1949, das jede wohlwollende Darstellung von Hass, Gewalt, Verbrechen oder ethnischen Vorurteilen untersagt.

Der Innenminister könnte den Verkauf an Minderjährige verbieten oder den Roman zumindest wie Pornografie unter den Ladentisch verbannen. Tut er nichts, will Gilles-William Goldnadel, Präsident der französischen „Anwälte ohne Grenzen", vor Gericht gehen: Das Buch, sagt er, verkaufe sich bestens in Banlieues, den trostlosen Trabantenvierteln um die französischen Großstädte, in denen ein hoher Anteil von muslimischen Einwanderern lebt und wo es immer wieder antisemitische Zwischenfälle gibt.

Bisher sind alle vergleichbaren Zensurforderungen abgewiesen worden – gegen Michel Houllebecq, der den Islam als „die dämlichste Religion der Welt" bezeichnet hatte, gegen Oriana Fallacis anti-islamisches Pamphlet* „Die Wut und der Stolz" und gegen den Pädophilen*-Roman „Rose bonbon". Auch auf Deutsch liegt das Buch vor, bislang ohne virulente* Kritik. Der Ravensburger Buchverlag findet es „ganz spannend", einmal darzustellen, „wie palästinensische Jugendliche heute denken, wie der Konflikt Extremismus und blinde Gewalt gebiert, wie die Köpfe sich verschließen". Es sei eine einseitige Position, aber keine Rechtfertigung von Terrorismus.

Das scheint ein bisschen einfach. Die junge Autorin entschloss sich zum Schreiben, als im September 2000 der zwölfjährige Palästinenser Mohammed al-Durra auf der Straße in den Armen seines Vaters verblutete. Bilder dieser Szene, deren Umstände bis heute nicht geklärt sind, gingen damals um die Welt. Dem toten Mohammed hat sie das Buch gewidmet. Nur, und da überschreitet Randa Ghazy die Grenze zur Agitation*, fügt sie ein völlig erfundenes Interview mit dem Soldaten an, der den Kleinen getötet hat: „Er sagte, er habe den Vater leben lassen, damit er leidet, er hat gesagt, ich habe den Sohn getötet und den Vater leben lassen, damit er leidet."

Nirgendwo versucht Randa Ghazy, sich auch in die Leidenssituation der Israelis, etwa nach einem Selbstmordattentat, zu versetzen. Die Palästinenser sind für sie die absoluten Opfer – und deshalb zu absolutem Widerstand berechtigt. Israelis sind brutale, gefühllose Killer, die „mechanisch" töten, ein „verfluchtes Volk".

Leben und Sterben der jungen palästinensischen Waisen, die sich in einer Wohngemeinschaft zusammengeschlossen haben, erzählt Randa Ghazy in hechelndem Stakkato*, in einem lamentierenden Rezitativ*, in dem gelegentlich aufkommende Zweifel am Sinn der Gewaltspirale sofort überwunden werden: „Jetzt noch den Weg des Dialogs zu suchen, wäre schon eine Kapitulation vor ihren Schikanen, eine Unterwerfung unter ihren Willen."

Am Ende bleibt nur Hass auf „jeden Israeli dieser Welt", ein bedingungsloser Hass, den man weder erklären noch rechtfertigen kann. Und den man deshalb im Prisma* eines kritischen Bewusstseins brechen müsste. Das ahnt die junge Autorin wohl, aber sie lehnt es ausdrücklich ab – ein Versagen, das mehr als nur literarisch ist.

ROMAIN LEICK

aus: „SPIEGEL" 52/2002

---

*Djihad (sprich: Dschihad): Wortspiel: fälschlicherweise wird Djihad oft mit „Heiliger Krieg" übersetzt, die richtige Übersetzung lautet aber: „Anstrengung für Gott" / *Apologie: schriftliche Verteidigungsrede / *Zensur: behördliche Aufsicht über Veröffentlichungen in Wort und Bild / *Pamphlet: Schmähschrift / *Pädophilie: auf Kinder gerichteter Sexualtrieb / *virulent: ansteckend / *Agitation: hier: politische Propaganda; Werbung für bestimmte politische Ziele / *Stakkato: kurz abgestoßener Vortrag / *Rezitativ: dramatischer Sprechgesang / *Prisma: Licht brechender Körper

AB 23: Analyse einer Rezension (III)   47

Informationen zur Rezension „Nichts als Hass" (AB 23 [II]):

Der Rezensent Romain Leick erwähnt in seiner Buchbesprechung ...

... Oradour-sur-Glane

Oradour-sur-Glane ist ein kleines Dorf in Westfrankreich, ungefähr 20 Kilometer nordwestlich von Limoges. Am 10. 6. 1944 zerstörten Angehörige der 2. SS-Panzerdivision „Das Reich" den Ort als Vergeltung für einen Überfall französischer Partisanen auf deutsche Soldaten. Alle rund 600 Einwohner des Dorfes wurden von den SS-Truppen getötet: Die Männer wurden erschossen, die Frauen und Kinder wurden in der Dorfkirche zusammengetrieben. Teilweise wurden sie dort ebenfalls erschossen, teilweise kamen sie bei einem Brand ums Leben, der von der SS in der Kirche gelegt wurde. 1953 verurteilte ein Militärgericht in Bordeaux zwei ehemalige Angehörige der SS-Einheit zum Tod, 18 weitere zu Haftstrafen. Die Ruinen des Ortes sind noch heute erhalten, an die Tat erinnert ein Dokumentationszentrum. Die Akten zum Fall Oradour unterliegen noch bis zum Jahr 2053 der Geheimhaltung.

... den zwölfjährigen Palästinenser Mohammed al-Durra

Am 30. 9. 2000 wurde der zwölfjährige Palästinenser Mohammed al-Durra von israelischen Soldaten in Gaza vor laufender Kamera erschossen. Der israelische Armeesprecher Jarden Watikei gab zu, dass israelische Soldaten von ihrer Militärführung den ausdrücklichen Befehl haben, auch auf palästinensische Kinder zu schießen – und zwar ganz gezielt auf Kopf oder Nacken. Ärzte stellten fest, dass statt normaler Munition Hochgeschwindigkeitsprojektile verwendet werden, weil sie besonders großen Schaden in Gewebe und Knochen anrichten. Auch wurde nachgewiesen, dass Dumdum-Geschosse eingesetzt werden.

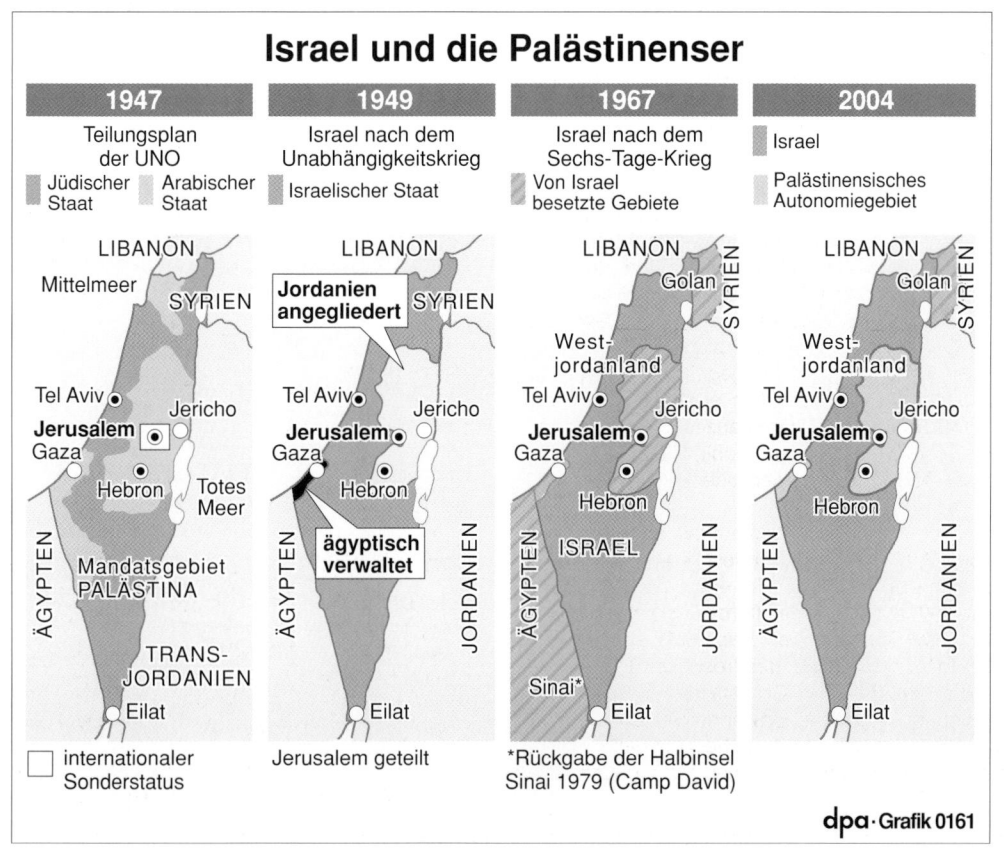

© 2001 Globus Infografik GmbH

(Information für die Lehrkraft)

Zeitungsvergleich: Boulevardzeitung – klassische Tageszeitung

Zur Arbeit mit der Zeitung im Unterricht gehört auch ein Vergleich der klassischen Tageszeitung mit einer Boulevardzeitung.

Boulevardzeitungen haben mit einer Gesamtauflage von etwa sechs Millionen einen Anteil von rund einem Viertel der täglichen Zeitungsauflage. Allein die BILD-Zeitung als einzige überregionale Boulevardzeitung hat eine tägliche Auflage von ungefähr fünf Millionen.

Im Unterschied zu Abonnementszeitungen werden Boulevardzeitungen fast ausschließlich im Straßenverkauf abgesetzt, müssen sich also täglich von neuem „selbst verkaufen". Entscheidend ist daher die Aufmachung der oberen Hälfte der Titelseite, denn nur diese ist am Kiosk sichtbar. Daher versucht man in den Redaktionen der Boulevardzeitungen, durch sensationelle Themen und eine ansprechende Themenmischung sowie durch eine möglichst auffällige, „reißerische" Aufmachung möglichst viele Käufer anzusprechen.

Um den Schülerinnen und Schülern die Besonderheiten der Boulevardzeitung im Unterschied zu einer Abonnementszeitung zu verdeutlichen, erhalten sie zwei Zeitungsbeiträge, die themengleich sind, sich aber in ihrem äußeren Erscheinungsbild deutlich unterscheiden, und dazu die Aufgaben (siehe AB 25 (I)).

Ziel der Aufgaben soll es sein, Mittel zu erarbeiten, die von den Machern der Straßenverkaufszeitungen eingesetzt werden, wie z. B. direkte Anrede, Ansprache von Gefühlen oder Alliteration *(„Kicker, Knödel und Klischees")*.

Für das Arbeitsblatt 25 wurde eine gekürzte Meldung aus der BILD-Zeitung vom 20. 11. 2000 verwendet *(„Sind alle Lehrer so doof?")*.

Dabei wurde die Textgestaltung (Fettdruck) übernommen. Die entsprechende Meldung aus einer klassischen Tageszeitung ist fiktiv und hat einen anderen Tenor als die der BILD-Zeitung.

Da natürlich auch der umgekehrte Weg denkbar ist – vom Text zur Zuordnung des Zeitungstyps Boulevard- bzw. klassische Tageszeitung – wurde noch der Arbeitsbogen 25 (III) konzipiert. Er beinhaltet lediglich die Artikel 1 und 2 von AB 25 (II), jedoch ohne die Überschriften und ohne den Fettdruck. Die Schüler sollen nun Vermutungen anstellen, welcher Artikel eher zu einer Boulevardzeitung passt und welcher eher in der klassischen Tageszeitung zu finden sein wird.

AB 24: *Welche Boulevardzeitungen gibt es?* 49

Aufgabe: Welche Boulevardzeitungen kennst du? Notiere.

AB 25: *Zeitungsvergleich (I)*

Zeitungsvergleich:
Boulevardzeitung – klassische Tageszeitung

Aufgaben
- Welcher Artikel erscheint in einer klassischen Tageszeitung und welcher in einer Boulevardzeitung? Begründe.
- Wodurch fällt der Artikel der Boulevardzeitung sofort ins Auge?
- Welche Antworten werden in den beiden Beiträgen auf die W-Fragen gegeben?
- Wie bewertet der Journalist in der Boulevardzeitung den Auftritt des Lehrers in der Quiz-Show? Welche Bewertung nimmt der Journalist der Tageszeitung vor?
- Welche Rolle spielt die Größe von Schlagzeilen?
- Durch welche Hervorhebungen werden Leser noch auf Ereignisse hingewiesen?
- Welche Inhalte finden sich oft auf der Titelseite einer Boulevardzeitung?

Meldung der klass. Tageszeitung		Meldung der Boulevardzeitung	
Wer?		Wer?	
Was?		Was?	
Wo?		Wo?	
Wann?		Wann?	
Wie?		Wie?	
Warum?		Warum?	
Ergebnis des Vergleichs der beiden Artikel:			

AB 25: *Zeitungsvergleich (II)*

1 Sind alle Lehrer so doof?

Er unterrichtet unsere Kinder und bringt Nord- und Ostsee durcheinander

Er weiß nicht, was an Nord- und Ostsee liegt, er verlegt das polnische Stettin in die neuen Bundesländer und kennt den Fachbegriff für Ohrenarzt nicht.

Mein Gott, Holger Griebe (35)! Und Sie sind Grundschullehrer? Sie wollen unseren Kindern Wissen vermitteln?

Bei Günther Jauchs (44) „Wer wird Millionär?" schüttelten Sonnabend fast elf Millionen Zuschauer den Kopf, als Lehrer Griebe sein eigenes Unwissen zeigte.
Sind unsere Lehrer wirklich so dumm?

„Ich bin doch nur an der Grundschule!"
Lehrer Holger Griebe (35) lächelte sympathisch, es half nichts.

Günther Jauch brachte es in seiner Show „Wer wird Millionär?" (RTL, 10,65 Millionen Zuschauer) auf den Punkt: **„Sie sind ein Grundschullehrer, der nicht weiß, wo der Dollart liegt, der Stettin in die neuen Bundesländer verlegt – Tausende von Grundschullehrern haben sich für Sie geschämt!"**

Er kam noch bis 125 000 Mark (einmal raten, einmal Wissen über Rockmusik).

Doch der seltsame Beigeschmack bleibt. Muss ein Lehrer eigentlich nicht mehr wissen?

2 Glück gehabt

Glück gehabt hatte der 35-jährige Holger Griebe. Der Grundschullehrer aus Erftstadt trat in der RTL-Show „Wer wird Millionär?" auf. Durch mehr Raten als Wissen gelang es dem Kandidaten, die Quizfragen zu beantworten. Obwohl eher der Zufall im Spiel war als echtes Wissen, schaffte es der Lehrer immerhin bis zur 125 000-Mark-Frage.

Zeitungsvergleich:
Boulevardzeitung – klassische Tageszeitung

Aufgaben:
- Welcher Artikel erschien in einer klassischen Tageszeitung und welcher in einer Boulevardzeitung? Begründe.
- Welche Antworten werden in den beiden Beiträgen auf die W-Fragen gegeben? Notiere.
- Überlege dir für beide Artikel eine passende Überschrift. Denke daran, dass die Journalisten einer Boulevardzeitung reißerisch texten.

1

Er weiß nicht, was an Nord- und Ostsee liegt, er verlegt das polnische Stettin in die neuen Bundesländer und kennt den Fachbegriff für Ohrenarzt nicht.

Mein Gott, Holger Griebe (35)! Und Sie sind Grundschullehrer? Sie wollen unseren Kindern Wissen vermitteln?

Bei Günther Jauchs (44) „Wer wird Millionär?" schüttelten Sonnabend fast elf Millionen Zuschauer den Kopf, als Lehrer Griebe sein eigenes Unwissen zeigte.
Sind unsere Lehrer wirklich so dumm?

„Ich bin doch nur an der Grundschule!"
Lehrer Holger Griebe (35) lächelte sympathisch, es half nichts.

Günther Jauch brachte es in seiner Show „Wer wird Millionär?" (RTL, 10,65 Millionen Zuschauer) auf den Punkt: „Sie sind ein Grundschullehrer, der nicht weiß, wo der Dollart liegt, der Stettin in die neuen Bundesländer verlegt – Tausende von Grundschullehrern haben sich für Sie geschämt!"

Er kam noch bis 125 000 Mark (einmal raten, einmal Wissen über Rockmusik). Doch der seltsame Beigeschmack bleibt. Muss ein Lehrer eigentlich nicht mehr wissen?

2

Glück gehabt hatte der 35-jährige Holger Griebe. Der Grundschullehrer aus Erftstadt trat in der RTL-Show „Wer wird Millionär?" auf. Durch mehr Raten als Wissen gelang es dem Kandidaten, die Quizfragen zu beantworten. Obwohl eher der Zufall im Spiel war als echtes Wissen, schaffte es der Lehrer immerhin bis zur 125 000-Mark-Frage.

AB 25: *Zeitungsvergleich (IV)* 53

Du siehst auf dem Bild die Schlagzeilen verschiedener Tageszeitungen und die einer Boulevardzeitung zu einem bestimmten Thema:

„Friedman: Vorsicht! Drogen" (TAZ)
„Friedman bittet um eine zweite Chance" (FAZ)
„Friedman: Ich bitte um eine zweite Chance" (Hamburger Abendblatt)
„Friedman tritt von allen Ämtern zurück" (DIE WELT)
„Michel Friedman: Das Drogen-Geständnis" (BILD)

Die TAZ wandelt den Sendetitel der Friedman-Talkshow „Vorsicht! Friedman" ab in „Friedman: Vorsicht! Drogen". Inhaltlich ähneln sich die Schlagzeilen von TAZ und BILD, da beide auf den Drogenkonsum eingehen. Das HAMBURGER ABENDBLATT zitiert in seiner Schlagzeile die Bitte Friedmans um eine zweite Chance, während die FRANKFURTER ALLGEMEINE ZEITUNG (FAZ) ihre Schlagzeile aus diesem Friedman-Satz bildet. DIE WELT titelt mit Friedmans Konsequenz aus der von ihm begangenen Straftat.

Aufgabe: Vergleiche die Schlagzeilen aktueller Tages- und Boulevardzeitungen. Was stellst du fest? Notiere.

Am einfachsten ist ein solcher Vergleich, wenn ein bestimmtes Thema alle Zeitungen gleichermaßen beschäftigt (z. B. XY-Krieg, Gedenken an die Opfer des XY-Terroranschlages in XY, Nahost-Konflikt, Rentenreform, Bildungsmisere, Arbeitslosenzahlen, Wahlkampf, Buchkritik usw.).

AB 26: *Boulevardzeitungen im Vergleich*

Interessant kann der Vergleich zweier Boulevard-Zeitungen sein. Am 6. 10. 2003 titelte die BILD-Zeitung mit Bezug auf die „Wetten, dass...?"-Sendung vom 4. 10. 2003, in der u. a. Musik-Produzent Dieter Bohlen auftrat:

Dieter Bohlen exklusiv
Was ich bei Gottschalk nicht sagen durfte!

Ein großer TV-Abend mit einem spannenden Ausflug in die Politik. Denn plötzlich sagte Dieter Bohlen (49) diese Sätze: „Natürlich verdiene ich gerne Geld. Und ich hoffe, dass das jeder in Deutschland tut. Dann haben wir nämlich keine Sorgen mehr. Dann haben wir keine Arbeitslosen mehr. Dann haben wir 'ne super Finanzsituation."

Weiter kam Bohlen nicht, weil er von Gottschalk unterbrochen und das Gespräch auf ein anderes Thema gelenkt wurde. Dazu äußerte sich Bohlen auf Befragen der BILD-Zeitung nach der Sendung: *„Leider hat mich Thomas Gottschalk nicht ausreden lassen. Ich wollte sagen, je mehr Leute Erfolg haben und in diesem Land ihre Steuern bezahlen, umso mehr Arbeitslosen und sozial Schwachen kann man damit helfen. Eine einfache Rechnung: Wenn du Erfolg hast, verdienst du viel Geld, dann zahlst du viele Steuern, damit kannst du vielen, die durchs soziale Netz fallen und Probleme haben, helfen."*

Die HAMBURGER MORGENPOST ging am selben Tag (Montag, 6. 10. 2003) mit dieser Schlagzeile an die Öffentlichkeit:

Vor 14 Millionen Zuschauern
Bohlen verhöhnt Arbeitslose

MOPO-Redakteur Guido Behsen klammerte die Fakten weitgehend aus und blies die Äußerung Bohlens zum Skandal auf. Er gab seinem Beitrag den Titel: *„Manchmal war es richtig peinlich"*:

Skandal bei „Wetten, dass...?": Pop-Produzent Dieter Bohlen (49) beleidigte alle Menschen ohne Arbeit, polterte in die Kameras: „Würden alle so gerne Geld verdienen wie ich, hätten wir keine Arbeitslosen!" Die Zuschauer reagierten empört. (...) Manchmal wurde es sogar richtig peinlich – vor allem „dank" Dieter Bohlen! Verbale Attacken ist man vom selbst ernannten Literaturpapst ja gewohnt. Aber diesmal beließ es Bohlen nicht bei Pöbeleien von Promi zu Promi – er verhöhnte alle Arbeitslosen!

Ein Foto einer Spaßrangelei zwischen Gottschalk und Bohlen wurde in der BILD mit dem Satz *„Zwei, die sich zum Fressen gern haben. So rangelte Dieter Bohlen (49) bei ,Wetten, dass...?' mit Thomas Gottschalk (53)"* untertitelt. Die HAMBURGER MORGENPOST dagegen versah das Foto mit folgendem Satz: *„Als Gottschalk über Bohlens Buch lästerte, ging der Möchtegern-Literat dem Show-Master an die Gurgel. Nur wenige fanden es spaßig."*

In diesem Fall präsentierte die BILD recherchierte Fakten, während ein anderes Boulevard-Blatt mit hanebüchenen Behauptungen und Fehleinschätzungen hausieren ging.

Aufgabe: Sind dir vergleichbare Fälle aus der Boulevardpresse bekannt? Notiere.

Analyse der BILD-Zeitung von 1953 bis 2003

Untersuche die folgenden Titelseiten der BILD-Zeitung: Was hat sich am äußeren Erscheinungsbild verändert? Was fällt dir sonst noch auf? Notiere in einer Tabelle.

Analyse der BILD-Zeitung von 1953 bis 2003

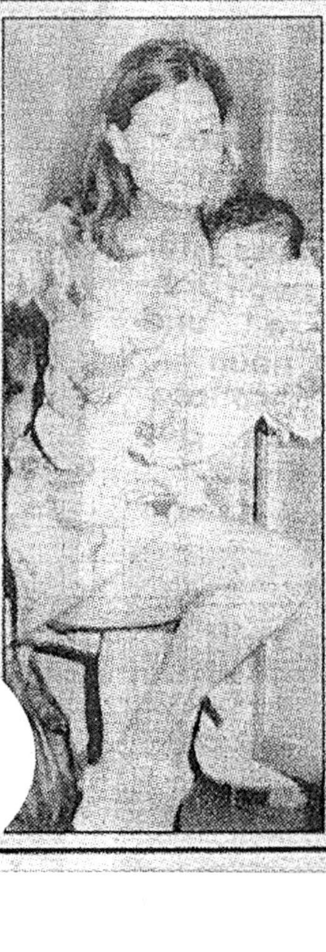

1973

AB 27: *Die BILD von 1953 bis 2003 (III)* 57

Analyse der BILD-Zeitung von 1953 bis 2003

2003

AB 28: *Boulevardzeitung und Werbung*

BILD soll unter anderem im Straßenverkauf angeboten werden. Um den Absatz stabil zu halten, wird zum Beispiel an Litfaßsäulen Werbung dafür gemacht:

Einen zugkräftigen Slogan ließ man sich für die neueste Werbung in Druckmedien, Radio- und Fernsehprogrammen einfallen: **BILD Dir Deine Meinung!**

Worauf setzt die links abgebildete BILD-Werbung? Welche Käuferschicht soll besonders angesprochen werden?

_____
_____
_____
_____
_____
_____
_____
_____
_____
_____
_____

Wie werben Tageszeitungen für sich? Wie unterscheidet sich deren Werbung von der der Boulevardblätter? Notiere auf einem Extrablatt und sammle Beispiele.

AB 29: *Beeinflussung durch die Boulevardzeitung*

Boulevardzeitungen beeinflussen die dem Leser dargebotenen Informationen, indem sie ihnen bestimmte Urteile oder Stimmungen beimischen (manchmal findet man dies auch in Tageszeitungen).

Aufgabe: Schreibe die folgende Nachricht zu beeinflussenden Meldungen um:

„In der Nacht zum Freitag stießen bei Nebel auf der Nordsee zwei Tanker zusammen. Das eine Schiff fing Feuer, ein Matrose verbrannte. Aus dem anderen Tanker liefen zehn Tonnen Altöl aus."

aus: Hans Schulte-Willekes: „Schlagzeile"; Reinbek bei Hamburg 1991, S. 22.

Mitleid erregender Artikel:

Angst machender Artikel:

AB 30: *Meinungslenkung (I)*

Zeitungen lenken die Meinungen auch indirekt. Untersuche die Artikel und ordne zu:

- *Meinungslenkung durch Überschrift/Schlagzeile:*   Beispiel Nr. _____
- *Meinungslenkung durch Schwerpunktsetzung:*   Beispiel Nr. _____
- *Meinungslenkung durch Wortwahl:*   Beispiel Nr. _____

Über die Präsentation neuer Zahlen zur Wirtschaftsentwicklung im ersten Halbjahr 1995 in Deutschland berichteten die überregionale *„Frankfurter Allgemeine Zeitung"* und *„Die Welt"*:

1

Wachstum schwächer als erwartet

Das Wachstum der deutschen Wirtschaft ist im ersten Halbjahr geringer ausgefallen als im vergangenen Jahr. Nach Angaben des Statistischen Bundesamtes stieg das Bruttoinlandsprodukt (BIP), die Kennziffer für die inländische Wirtschaftsleistung, in den ersten sechs Monaten 1995 um real 2,6 Prozent auf 1485,20 Mrd. DM. Im ersten Halbjahr 1994 hatte das Wachstum noch 2,8 Prozent ausgemacht. Hinter dieser Entwicklung steht ein Wachstum von 2,1 (Vorjahr: 2,2) Prozent in Westdeutschland und von 7 (8,9) Prozent in den neuen Bundesländern. Für Statistik-Präsident Hans-Günther Merk, der die Zahlen in Wiesbaden präsentierte, kam der Rückgang überraschend, er hatte mit einer Verstärkung gerechnet.

aus: „Die Welt" vom 7. 9. 1995
(Autorin: Inge Adham-Dertinger)

2

Deutsche Wirtschaft wächst kräftiger als erwartet

Die Konjunktur in Deutschland ist im ersten Halbjahr besser gelaufen als vielfach erwartet. Das wirtschaftliche Wachstum hat sich in Ost und West fortgesetzt, wenn auch im früheren Bundesgebiet mit einem flacheren Anstiegswinkel. Diese Einschätzung hat jetzt der Präsident des Statistischen Bundesamtes, Hans Günther Merk, bei der Vorlage der neuesten Zahlen für das Bruttoinlandsprodukt vertreten. Danach ist die gesamtwirtschaftliche Leistung real 2,6 Prozent höher gewesen als im ersten Halbjahr 1994. Dieser Zuwachs ist spürbar höher als in einigen Prognosen angenommen. Er liegt allerdings etwas niedriger als im zweiten Halbjahr 1994. Wie Merk weiter mitgeteilt hat, sei die Wachstumsrate in den neuen Ländern mit rund 7 Prozent deutlich höher gewesen als in Westdeutschland (2,1 Prozent).

aus: „Frankfurter Allgemeine Zeitung"
vom 7. 9. 1995.

AB 30: *Meinungslenkung (II)*

③ Das FBI kennt keine Gnade für Sioux-Indianer – Haft für vermutlich Unschuldigen

(Inhalt: FBI gegen Wiederaufnahme eines Prozesses gegen einen verurteilten Polizistenmörder)

aus: „Ostsee-Zeitung" vom 15. 7. 1996

④ Berlin bei Deutschen unbeliebt – nur jeder Zehnte möchte dort leben

Meldung der Deutschen Presse-Agentur (dpa) vom 23. 5. 1997, 11.25 Uhr

Umfrage: Jeder zehnte Deutsche würde gerne in Berlin leben

Meldung der Agentur ddp/ADN vom 23. 5. 1997, 12.00 Uhr

⑤ Union verharmlost Magdeburger Krawall – Bundestagsredner verweisen auf Gefahr von links

(Inhalt: Im Bundestag betonen Redner der CDU/CSU, „das zentrale gesellschaftliche Problem sei die Gewalt von rechts wie von links.")

aus: „Frankfurter Rundschau" vom 19. 5. 1994

Frankfurter Rundschau und *Frankfurter Allgemeine Zeitung* berichteten am 25. 1. 1995 über ein Sondergutachten des Sachverständigenrates für Umweltfragen

⑦

Neben (...) ehemaligen Industriestandorten, an denen Böden und Grundwasser durch Schadstoffe (...) verseucht sind, wurden bisher fast 5000 belastete ehemalige Rüstungsobjekte aus der NS-Zeit ermittelt. Allein in den neuen Ländern wird die Beseitigung militärischer Altlasten (...) rund 100 Milliarden Mark kosten. 517 000 Hektar sind hier mit Munition und chemischen Stoffen belastet.

aus: „Frankfurter Rundschau" vom 25. 1. 1995, basierend auf einer dpa-Meldung

⑧

Nach Einschätzung der Bundesvereinigung kommunaler Spitzenverbände kostet allein die Beseitigung militärischer Altlasten in den östlichen Bundesländern, die vor allem durch die Rote Armee verursacht worden sind, rund hundert Milliarden Mark. Insgesamt seien etwa 517 000 Hektar mit Munition und chemischen Stoffen belastet.

aus: „Frankfurter Allgemeine Zeitung" vom 25. 1. 1995

---

⑥

„Habt ihr schlechtes Wetter!", „So, da feiert ihr euren 50. Geburtstag..." Antworten auf diese verlegene Rhetorik* scheint Rudolf Scharping erst gar nicht zu erwarten. Mit verkrampftem Lächeln, im piekfeinen schwarzen Zwirn und mit strammgeknüpftem Windsorknoten stapft er am Samstagmittag über den schlammigen Waldweg zum schlichten SPD-Bildungsheim im niederrheinischen Stenden. Der intensive Erbsensuppengeruch ist ein zuverlässiger Wegweiser. Neugierige Genossinnen und Genossen im bunten Freizeitlook bilden eine Gasse, nur wenige applaudieren dünn. (...)

aus: „Die Welt" vom 2. 10. 1995.

*Rhetorik = Wissenschaft von der wirkungsvollen Gestaltung öffentlicher Reden

Nach: Eckart Thurich: „Die öffentliche Meinung"; Bundeszentrale für politische Bildung, Heft 10/1998, S. 22.

AB 31: *Die Schlagzeile in der Boulevardzeitung*

Der Schriftsteller Günter Wallraff stellte die Behauptung auf, die BILD-Zeitung würde lügen. Er hatte sich bei der BILD-Redaktion eingeschlichen und die Methoden des Boulevard-Blattes analysiert. Dabei kam er zu erschreckenden Ergebnissen (nachzulesen im Buch „*Der Mann, der bei BILD Hans Esser war*").

Aufgabe: Denke dir Ereignisse aus und fabriziere sinnentstellende Schlagzeilen.

Beispiel 1

Das passierte wirklich:	Das stand im Boulevardblatt:

Beispiel 2

Das passierte wirklich:	Das stand im Boulevardblatt:

Beispiel 3

Das passierte wirklich:	Das stand im Boulevardblatt:

AB 32: *Die Schlagzeile (I)*

Selbstmord als letzter Ausweg

Die spektakulären Fälle:
Uwe Barschel, Petra Kelly, Gert Bastian und Hannelore Kohl

Es ist bisher in der Bundesrepublik selten passiert, dass Politiker sich selbst das Leben nahmen, weil sie nicht mehr weiter wussten und im Selbstmord den letzten Ausweg sahen.

Beim spektakulärsten Fall, dem Tod des früheren schleswig-holsteinischen Ministerpräsidenten Uwe Barschel am 11. Oktober 1987, ist noch nicht einmal geklärt, ob es überhaupt ein Selbstmord war. Bis heute hält sich der Verdacht, dass Barschel sich im Hotel Beau Rivage am Genfer See nicht selbst mit Schlaftabletten vergiftet und in der Badewanne ertränkt hat, sondern in Wirklichkeit ermordet wurde. Denn die Staatsanwaltschaften in Deutschland und der Schweiz stellten 1998 und 1999 die Ermittlungen ein, ohne dass die genauen Umstände von Barschels Tod festgestellt werden konnten.

Keine Zweifel am Selbstmord gibt es dagegen beim Tod von zwei CDU-Politikern in den Jahren 1999 und 2000, die vermutlich in Finanzskandale verwickelt waren. Der ehemalige Kölner Oberstadtdirektor Dieter Diekmann erhängte sich im September 1999 in seiner Zelle. Er war wegen des Verdachts, Schmiergelder genommen zu haben, verhaftet worden.

Am 20. Januar 2000 wurde auf dem Höhepunkt der CDU-Spendenaffäre Wolfgang Hüllen (49), Leiter des Bundestagsbüros der CDU/CSU-Fraktion für Haushalt und Finanzen, erhängt in seiner Wohnung in Berlin-Steglitz aufgefunden. In einem Abschiedsbrief Hüllens soll es Indizien für Untreue zu Lasten der Fraktionskasse gegeben haben. Mit der Spendenaffäre als solcher hatte sie laut Staatsanwaltschaft aber nichts zu tun.

Zwei Fälle mit privat-persönlichem Hintergrund erschütterten 1992 und 2002 die Öffentlichkeit. Im Oktober 1992 wurden die Leichen der Grünen-Politiker Petra Kelly (44) und Gert Bastian (69) in ihrem Haus in Bonn aufgefunden. Nach Untersuchungen der Staatsanwaltschaft hat Bastian erst seine Lebensgefährtin und dann sich selbst erschossen.

Große Anteilnahme in der Bevölkerung rief im Juli 2001 der Tod einer prominenten Politiker-Gattin hervor. Hannelore Kohl (68), Frau von Altkanzler Helmut Kohl (CDU), nahm sich wegen einer jahrelangen schmerzhaften Lichtallergie zu Hause in Ludwigshafen-Oggersheim das Leben.

aus: „Lübecker Nachrichten" vom 6. 6. 2003

Aufgabe: Lies den Artikel. Warum passt die Schlagzeile nicht zum Artikel?

Aufgabe: Was kritisiert der Ottifanten-Comic-Strip?

aus: „Lübecker Nachrichten"

Themen einer Boulevard-Zeitung

Folgende Themenkomplexe kommen – geschickt vermischt – in einer Boulevardzeitung wie BILD häufig zum Einsatz: **Sex** (*So treibt's der Opa mit der Traute*), **Crime** (*Zijadin Valci dreht durch und verletzt Lehrer*), **Tiere** (*Hund rettet Familie vor dem Erstickungstod*), **Krieg** (*USA: Welches Land ist noch sicher vor Bush?*), **Prominente** (*Britta im Glück: Hochzeit und ein Baby!*) und **Horror** (*Jugendlicher tötet Hund und trinkt das Blut*). All das wird mit passenden, manchmal auch manipulierten Fotos garniert. Und natürlich darf ein leicht bekleidetes Mädchen – meistens auf Seite 1 – nicht fehlen, da sonst die Auflage und damit der Umsatz sinkt. Die BILD-Zeitung kostete im Erscheinungsjahr 1952 einen Groschen (= 0,10 Mark). Heute, über fünfzig Jahre später, kostet sie das Zehnfache (0,50 Euro).

Wie man nicht nur mit stets neuen Themen aus den o. g. Bereichen, sondern auch mit einer Art Fortsetzungsroman Auflage macht, schildert ein BILD-Reporter:

Die meisten Leser haben ein festgefügtes Weltbild und Wert-System. Innerhalb dieser Normen leben sie und erwarten auch von anderen, dass sie sich daran halten. Im Falle Opa Meyer, der ein junges Mädchen heiratet, findet sich der Leser plötzlich in einer Welt außerhalb der ihn regelnden Schranken und Normen wieder. Das, was für ihn selber unmöglich erscheint, tut – vielleicht stellvertretend für ihn – ein anderer. Eigene, nicht ausgelebte, zum Teil unbewusste Bedürfnisse werden nach außen verlagert, auf eine andere Person „projiziert", übertragen. Der Leser kann sich mit der Rolle oder der Situation eines anderen identifizieren.

Diese Verhaltensweise der Leser kennen die Zeitungsmacher. Mit der gleichen „Hinhalte-Taktik" wie bei Fortsetzungsromanen wurde die Opa-Meyer-Story häppchenweise serviert, und bewusst wurden immer wieder „Pannen" eingebaut. 13 Folgen lang...

Während die Storys liefen, war in dem Gebiet, wo Opa Meyer wohnt, die BILD-Zeitung täglich ausverkauft. Zwei heiraten. Das ist noch lange keine Story für Boulevard-Zeitungen.

Aber der Bräutigam ist 70 und die Braut 19. Das ist eine Story! Kann der Opa überhaupt noch? Wie hält er sich fit? Vielleicht trinkt er einen geheimnisvollen, orientalischen Liebessaft? Egal – solche Geschichten werden bei BILD zu „Dauerbrennern".

Von diesem Augenblick an können der rüstige Opa und seine Braut keinen Schritt mehr machen, ohne dass Millionen Leser dabei sind. Sie zittern, bangen, schmusen, lachen, küssen mit. Fast zwei Wochen lang.

Opa Meyers Geschichte habe ich nicht selbst geschrieben. Es war ein Kollege am Schreibtisch gegenüber. Zweieinhalb Monate lang hatte er diese Story um die Ohren, dann war er urlaubsreif.

Sie beginnt mit dem Anruf eines freien Mitarbeiters: „In Lägerdorf heiratet ein siebzigjähriger Nachtwächter eine Neunzehnjährige." Nichts wie raus in das kleine Dorf bei Itzehoe. Erste Enttäuschung: So richtig wohnlich sieht's da ja nicht aus. Ein düsteres, kleines Behelfsheim beim Friedhof von Lägerdorf. Dort wohnt Opa Meyer mit seiner Braut Traute. Egal, rein... Zwei kleine Zimmer, ein Kanonenofen und ein strahlender Opa. Er freut sich, dass es für jede Veröffentlichung einen schönen blauen Hunderter gibt. Seine Traute ist arbeitslos. Er unterschreibt den „Exklusiv"-Vertrag säuberlich mit „Carl Theodor Meyer". Sie mit „Waltraud Krieger". Bald wird sie Meyer heißen.

Der Fotograf hat noch Schwierigkeiten mit Opas Lächeln. Herr Meyer besitzt keine Zähne mehr. Also drückt der Fotograf auf den Auslöser, wenn Opa den Mund schließt, der Anflug eines Lächelns aber noch zu sehen ist.

Hat er viele Liebschaften gehabt? Er holt das Album. Nach diesem Besuch steht die erste BILD-Geschichte über Opa Meyer. Überschrift:

MIT 70 NOCH VATER! JETZT MUSS OPA MEYER SEINE 19-JÄHRIGE BRAUT HEIRATEN!

Wieso muss er? Ach ja, Traute hat einen drei Monate alten Sohn. Nico heißt er. Opa ist jedenfalls stolz darauf. Aber so schnell wird bei Boulevard-Zeitungen nicht geheiratet. Der Leser muss noch etwas davon haben. Ein bisschen Glück, ein bisschen Bangen... Zwei Tage später die nächste Überschrift:

KRACH! OPA MEYERS HOCHZEIT IN GEFAHR!

Keine Angst. Die Geburtsurkunde wird schon noch gefunden. Neuer Artikel, neues Glück. Jetzt ein bisschen Stimmung. Zeile:

OPA MEYER UND BRAUT TRAUTE KAUFEN SICH SILBERNE TRAURINGE

Na also! Und irgendwo am Schluss des Artikels bestellt sich Opa ein Kännchen Kaffee. *„Damit ich heute Abend in Form bin"*, grient er vielsagend. Ich glaube, Opa hat jetzt begriffen, wo es bei der Zeitung lang geht. Jetzt folgt das Aufgebot beim Standesamt. Zeile:

OPA MEYER UND SEINE TRAUTE: JETZT AMTLICH EIN BRAUTPAAR

Den Segen der BILD-Leser haben sie auch! Hunderte von Anrufen werden in der Redaktion liebevoll beantwortet. „Ja – natürlich berichten wir noch weiter über das junge Glück!" – „Nein – keine Angst, Opa entwischt uns doch nicht!" Natürlich nicht. Eine reiche Holländerin, die BILD gelesen hat, lädt das Paar ein – in die Flitterwochen! Zeile:

OPA MEYER FLITTERT ZWISCHEN MÜHLEN UND TULPENFELDERN

Nanu? Schon alles vorbei? Aber nicht doch... Zwar hat Opa jetzt einen Jungen, wollte doch aber immer schon – klar, das ist die Lösung! Zeile:

OPA MEYER FÄNGT ERST RICHTIG AN – ER WÜNSCHT SICH EINE TOCHTER

Aber jetzt ist die Luft endlich raus! Etwas Hektik, Wirbeln, Panik. Immer noch nichts. Da rufen „Bringfriede" und „Hannchen" an, zwei BILD-Leserinnen. „Wir kennen Opa Meyer von früher..." Mädchen, ihr seid die rettenden Engel! Zeile:

WIE TOLL ES OPA MEYER SCHON VOR 40 JAHREN TRIEB

Alles viel zu nett! Als ein siebzigjähriger Rentner aus Hannover anruft und sagt: „Ich möchte auch so eine junge Braut", dann ist die Schocker-Zeile klar. Sie heißt:

OPA MEYER IST SCHON WIEDER AUF BRAUTSCHAU

Klein steht drunter: *Er soll eine Ehe stiften.*
Jetzt ist Stimmung! Countdown: Noch zwei Tage bis zur Hochzeit... Ab ins Heim zum drei Monate alten Söhnchen. Zeile:

ALS OPA MEYER SEIN KIND SAH, WEINTE ER VOR GLÜCK

Das regt keinen auf? Einen Tag vor der Hochzeit kann man dem noch abhelfen. Zeile:

OPA MEYERS BRAUT WAR DREI STUNDEN LANG VERSCHWUNDEN

Und dann – endlich – war es soweit, Zeile:

OPA MEYER TANZTE INS EHEGLÜCK.

Lägerdorf feierte die Hochzeit des Jahres
Opa ist blendend in Form. „Ich will meiner Frau in der Hochzeitsnacht etwas bieten...", sagt er und verschwindet ganz früh. Auf Wiedersehen, Opa? Von wegen! Da war doch noch die kleine Nachfeier im Striptease-Schuppen. Die Zeile:

AB 33: *Themen einer Boulevardzeitung (III)* 67

NACH DEM STRIPTEASE – OLALA! – TANZT OPA MEYER CHA-CHA-CHA

Reimt sich, es dichtet richtig. Und weil's so schön war und Klein-Nico sechs Wochen später getauft wird, reimt man noch einmal eine Zeile:

ZUR TAUFE GAB'S 'NE GROSSE FEIER – BEI OPA MEYER ...

Uff! Jetzt ist die Luft aber wirklich raus! Oder doch nicht? „Um Gottes willen, hoffentlich lässt sich Opa nicht scheiden", sagt erschrocken mein Kollege. Ich glaube, er hat richtig Angst ...

aus: Hans Schulte-Willekes: „Schlagzeile"; Reinbek bei Hamburg 1991, S. 48–54.

Im Herbst 2003 verschärfte die Bundesregierung die Regeln, nach denen im Ausland lebende Bundesbürger Anspruch auf Sozialhilfe haben. Auslöser war eine Artikel-Serie der BILD-Zeitung über einen Deutschen, der in Florida (USA) Sozialhilfe aus der Bundesrepublik bezieht. Die Redaktion hatte die Meinung ihrer Leser richtig eingeschätzt und damit indirekt Politik gemacht.

Sind dir auch Fälle bekannt, in denen Zeitungen Politik machen?

Aufgaben:
- Untersuche den Aufbau der Titelseiten von Boulevardzeitungen bezüglich Schlagzeilen („Aufmacher"), Schrifttypen, Farben, Hervorhebungen und Bilder.
- Untersuche, welche Inhalte du in Boulevardzeitungen eher häufiger bzw. eher weniger findest.

AB 34: *Geteilte Meinungen über die Boulevardzeitung*

Die Meinungen über die BILD-Zeitung sind geteilt. Notiere, was die Anhänger an der BILD-Zeitung gut finden könnten und schreibe auf, was die Kritiker an der BILD-Zeitung monieren werden.

Das finden die Leser der BILD-Zeitung an dem Blatt gut:

Das finden die Kritiker der BILD-Zeitung an dem Blatt nicht gut:

AB 35: *Eine Titelseite bauen*

Aufgabe: Erstelle die Titelseite einer fiktiven Boulevardzeitung. Denke dir selbst Schlagzeilen aus, die die typischen Stil-Elemente von Boulevardzeitungen aufgreifen (z.B. verkürzt, reißerisch usw.). Die Abbildung zeigt eine solche fiktive Titelseite (abgedruckt in: Günter Wallraff: *„Das Bild-Handbuch"*; Hamburg 1981, S. 98 II)

AB 36: *Stilblüten*

> **Aufgabe:** Manchmal texten Redakteure/Journalisten unglücklich und man kann Stilblüten wie die in der Tabelle genannten finden. Suche aus Zeitungen witzige Schlagzeilen heraus. Wie kommen sie wohl zustande?

Witzige Schlagzeilen	Quelle
„Dicke Kinder haben stark zugenommen"	Kieler Nachrichten
„Die Bienen sterben wie die Fliegen"	Münchner Merkur
„Hitze verhagelt den Schaustellern die Umsätze"	Westfälische Nachrichten
„Mensch ist Salz in Suppe des Lebens"	Westfalen-Blatt
„Die SPD grillt und ehrt langjährige Mitglieder"	Passauer Neue Presse
„Fusionsforscher bleiben gespalten"	Süddeutsche Zeitung
„Elbe frisst ihre Kinder"	TAZ

Exkurs I: *Schlechte Recherche und die Folgen (I)*

> **Exkurs I:** Können Journalisten durch voreilige Veröffentlichungen und schlechte Recherchen Unheil anrichten?

Es begann mit diesen Schlagzeilen auf der ersten Seite der BILD-Zeitung vom 23. 11. 2000:

Es folgten andere Zeitungen mit ähnlichen Meldungen:

Erstickt in den Wellen des Schweigens („Süddeutsche Zeitung")

Badeunfall erweist sich als rassistischer Mord („taz")

Drei Unschuldige wurden verdächtigt, den sechsjährigen Joseph Abdullah aus Sebnitz ermordet zu haben; man steckte sie ins Gefängnis. Doch nach einer ersten Welle der Empörung, die auch in das Ausland überschwappte, geriet die Mutter des toten Kindes in den Verdacht, rund ein Dutzend Sebnitzer zu Falschaussagen über den vermeintlichen Mord angestiftet zu haben. Sie wurde schließlich selbst angezeigt.

Der Schaden für die Stadt Sebnitz war erheblich. Im Gästebuch der Sebnitzer Homepage fanden sich Hunderte von Hassparolen, die anonym eingetragen wurden. Sachsens Landesregierung legte ein Konzept vor, um Sebnitz finanziell zu unterstützen. Pressereisen nach Sebnitz wurden für Chefredakteure arrangiert. Da die Urheber der Falschmeldungen, die Familie des getöteten Kindes, in weiten Teilen der Sebnitzer Bevölkerung isoliert waren, mussten sich die Staatskanzlei, das Bundespräsidialamt und die Stadtverwaltung um den Wegzug der Familie kümmern – auf Staatskosten. Ministerpräsident Kurt Biedenkopf beklagte eine „katastrophale Rufschädigung für eine ganze Stadt". Der studierte Jurist meinte, man könne die BILD-Zeitung auf Schadenersatz in Höhe von 50 Millionen Mark verklagen.

Obwohl sich die Geschichte um den angeblichen Mord als katastrophale Falschmeldung vieler Zeitungen entpuppte, war eine weitere Folge dieser bösen Zeitungsenten dieses Plakat, das in Würzburg aufgehängt wurde und in dem zu einem Konvoi nach Sebnitz aufgerufen wurde:

„Öffentliche Hinrichtung"

Demonstration in Sebnitz! Weil der Weg von Hoyerswerda nach Sebnitz über Rostock, Mölln, Lübeck, Guben und und und... immer über Leichen ging, hätte allen, die sich auch nur die Medienberichte über Sebnitz angesehen haben, klar sein müssen, dass – auch wenn ein rassistischer Mord an Joseph Abdullah nie nachgewiesen werden kann – in Sebnitz alle Voraussetzungen für eine solche Tat erfüllt sind: Eine fast ausländerfreie Gemeinschaft, in der es nur eine Meinung gibt und alle, vom Stadtpfarrer zum Bürgermeister, entgegen einer Evidenz schwören: „Bei uns gibt es keine Nazis" – in einer solchen Stadt hat ein Junge wie Joseph Abdullah keine Chance. Im nationalen Konkurrenzkampf zwischen völkischem und „anständigem" Standortkollektiv positionieren wir uns nicht. Unsere Demonstration richtet sich nicht gegen den rechten Rand, sondern gegen die demokratische Mehrheit der Deutschen. **Kein Fußbreit den Deutschen!**
Die Demonstration wird unterstützt von: AG Sebnitz beim Berliner Bündnis gegen IG-Farben • Initiative kritische Geschichtspolitik, Berlin • Redaktion Bahamas, Berlin • Antideutsche Kommunistinnen, Berlin • Jugendantifa Bünde • Bündnis gegen Rechts, Leipzig • groupe des surréalistes anti-allemands, Leipzig • Infoladen, Dresden • Antinationale Gruppe Bremen • Antinationales Plenum Detmold • Antifaschistische Gruppe (fion) Heidelberg • Anti-Rassismus-Gruppe Würzburg • Antideutsche Gruppe Wuppertal u. a.

Der FOCUS (Ausgabe 51/2000) weiß von einer weiteren Folge der Sebnitz-Hysterie zu berichten. Unter der Schlagzeile *„Sebnitz in Steglitz"* schreibt das Nachrichtenmagazin über eine Kampagne gegen einen angeblich rechtsradikalen Gymnasiallehrer aus Steglitz. Der Sprecher einer Elterninitiative gegen den Lehrer „informierte" auf einer Pressekonferenz über den vermeintlich gemeingefährlichen Pädagogen, dem er trotz fehlender Beweise „Volksverhetzung" vorwirft. In einer „Dokumentation" über die Lehrkraft werden Zitate aus dem Zusammenhang gerissen und Passagen unterschlagen, die nicht passen. Mit dem Lehrer hat der Elternsprecher jedoch nie gesprochen und er will dies auch nicht tun. Der Elterninitiative wird deswegen „perfide Manipulation" vorgeworfen.

▶ **Buchtipp:** Rainer Jogschies: „Emotainment – Journalismus am Scheideweg. Der Fall Sebnitz und die Folgen"; Münster 1991.

Exkurs I: *Schlechte Recherche und die Folgen (III)* 73

Aufgaben:
- Handelt es sich deiner Meinung nach beim Fall Sebnitz um Irrtümer, um schlechte Recherchearbeit oder um Manipulation der Presse?
- Auch seriöse Tageszeitungen brachten Meldungen über den Fall, die sich später als falsch erwiesen. Welche Gründe kann es dafür geben?
- Überlege, wie man sich vor solchen Falschinformationen schützen kann.
- Warum muss man als Konsument von Nachrichten (ganz gleich, ob als Hörer oder Leser) immer damit rechnen, Täuschungen aufzusitzen?
- Warum kann *bewusste* Falschinformation in Zeitungen vorkommen?

Wie eine Boulevardzeitung jemanden durch Verbreitung von Lügen zugrunde richten kann, beschreibt Heinrich Böll in seinem Roman „Die verlorene Ehre der Katharina Blum"
(DTV, ISBN: 3-423-01150-5).

Weitere Beispiele für Falschinformationen:

Am 3. Oktober 2003 sagte der damalige CDU-Bundestagsabgeordnete Martin Hohmann in einer Rede, weder die Deutschen noch die Juden seien ein Tätervolk. Diesen Sachverhalt stellten viele Journalisten in ihren Beiträgen verkürzt und damit sinnentstellend dar, indem sie schrieben, Hohmann habe die Juden als Tätervolk bezeichnet. Unter Androhung eines Bußgeldes in Höhe von 250 000 Euro wurde dem GRUNER & JAHR-Verlag, in dem der STERN erscheint, vom Oberlandesgericht Frankfurt a. M. verboten, weiterhin zu behaupten, Hohmann habe „die Juden als Tätervolk" bezeichnet. Zwei Staatsanwaltschaften lehnten Ermittlungsverfahren gegen Hohmann ab, weil dessen Rede weder antisemitisch noch volksverhetzend oder beleidigend gewesen sei – wie dies in der Presse behauptet worden war. Trotz dieser juristischen Entscheidungen gibt es Journalisten, die weiterhin Wirklichkeit inszenieren, indem sie diese Gerichtsentscheide ignorieren und den Sachverhalt immer noch falsch darstellen.

In seiner Ausgabe vom 30. 9. 1998 schreibt der STERN unter dem Titel „Wehrsport mit Neonazis" über ein angeblich stattgefundenes „Kampfsaufen in der Kaserne". Der Standortkommandant von Putlos, Oberstleutnant Aloys Rybaczak, wurde nie von einem STERN-Journalisten befragt.

> Dass Regierungen versuchen, die Presse und andere Medien für ihre Ziele einzuspannen, ist bekannt. Dabei nehmen Politiker immer häufiger die Dienste professioneller PR-Agenturen in Anspruch – so wie es in der Wirtschaft seit langem gang und gäbe ist. Ein Beispiel dafür ist die Öffentlichkeitsarbeit der US-Regierung im Vorfeld der beiden Golfkriege 1991 und 2003.

Die Wahrnehmungsmanager
Lügen in Zeiten des Krieges: Das Handwerk der manipulativen Inszenierung liegt längst in den Händen professioneller PR-Agenturen

von Krystian Woznicki

Sie räkelte sich schon seit Tagen unter den Augen der Bahnhofsbesucher. Soeben war noch der ICE an ihr vorbeigebraust, und es schien, als sei sie gerade noch damit beschäftigt gewesen, den schwarz-gold-roten Latex-Anzug an den entsprechenden Stellen nachzustraffen. Jedenfalls schien sie sich irgendwie in ihrer Bewegungsfreiheit beeinträchtigt zu fühlen – durch den Kunststoff, der allerdings auch nicht wegzudenken war. Schließlich korsettierte er den imaginären* Körperzuwachs, der sich logischerweise vollziehen musste, nachdem das Expo-Gelände symbolisch in ihr eingelassen worden war. So konnte sie wegen dieser unbequemen zweiten Haut sie selbst bleiben: Jenes Gesicht und jene formvollendete Figur, die synonym* ist mit dem Markennamen Claudia Schiffer.

Diese wandfüllende Anzeige, die während der Expo 2000 bei der Einfahrt nach Hannover kaum einem DB-Fahrgast entgehen konnte, hätte auf das Konto der PR-Agentur Hill & Knowlton gehen können. Das „Claudia-Schiffer-als-Expo-Körper"-Werbekonzept, das das nationale Image der Expo stärken sollte, passte nach Maß zu Hill & Knowltons Betätigungsfeld: Zu den Auftraggebern der PR-Agentur zählen nicht nur Konzerne, sondern auch Regierungskörper. In Firmen wie Hill & Knowlton finden allerdings nicht nur die Debatten rund um die Verschmelzung des privaten und öffentlichen Sektors einen Kristallisationspunkt, sondern auch die Problematik des Image-Krieges, wie er in der gegenwärtigen geopolitischen Krise Gestalt annimmt. Denn die Kampagnen, die die Agentur im Vorfeld des Golfkrieges von 1991 organisierte, nehmen aus der heutigen Perspektive eine überaus dubiose Funktion ein, manche meinen sogar, sie hätten zum Ausbruch des damaligen Krieges beigetragen.

Zwangsläufig wird man sich dieser Tage zum Beispiel an die so genannte „baby atrocities*"-Kampagne von Hill & Knowlton erinnern, die 1990 als Fall vor dem Congressional Human Rights Caucus ihren Lauf nahm. Dort wurde das fünfzehnjährige kuwaitische Mädchen Nayirah als Zeugin für Schandtaten irakischer Soldaten gegenüber neugeborenen Babys in einem kuwaitischen Krankenhaus vorgeführt. Dabei wurde verschwiegen, dass es mit ihrer Glaubwürdigkeit nicht sehr weit her war. Als Mitglied der königlichen Familie in Kuwait konnte sie zu dem Zeitpunkt der angeblichen Misshandlung von 312 Babys nicht im al-Addan-Krankenhaus als Praktikantin gearbeitet haben. Eine Tat, die vor dem Sicherheitsrat der Vereinten Nationen jedoch immer wieder als ein Argument für den Militärschlag gegen den Irak vorgebracht wurde.

Informationskrieger

Was für altmodische Ohren nach plumpem Betrug und nach Fälschung klingt, atmet in Wahrheit den Geist der gegenwärtig avanciertesten* Kommunikationsstrategien. Denn im Grunde ist das Handwerk der manipulativen Inszenierung ein integraler Bestandteil des Info-War, einer Form der massenmedialen Kriegsführung, die eigentlich dazu gedacht ist, Kriege ohne die Anwendung von Gewalt zu führen – mit anderen Worten, Konflikte allein durch den Aufbau von Drohkulissen und durch gezielte Meinungsmanipulation zu beenden. John W. Rendon Jr., Mitbegründer und Präsident der Rendon Group, der sich als „Wahrnehmungsmanager" und „Informationskrieger" versteht, beschrieb sein Selbstverständnis einmal folgendermaßen: „Ich bin Politiker und außerdem jemand, der Kommunikation nutzt, um die Ziele der Politik oder eines Unternehmens zu erreichen."

Rendons Public Relations-Firma, die einst dem Bio-Chemie-Konzern Monsanto in Sachen Öffentlichkeitsarbeit zur Seite stand, als es darum ging, einige verseuchte Gebiete zu säubern, und zu deren Kunden die Vereinten Nationen,

Exkurs II: *Politik und Medien (Manipulation; II)*

das Verteidigungsministerium von Kolumbien sowie die Regierungen von Haiti und Panama gehören, hat dann auch wohl nicht zufällig einen ihrer Auftraggeber im US-amerikanischen Staat gefunden. Sie berät das Weiße Haus, die Air Intelligence Agency und das Verteidigungsministerium.

Einer der gegenwärtigen Aufträge besteht darin, die US-Regierung im Krieg gegen den Terror sowie im bevorstehenden Irak-Krieg mit den Mitteln der Öffentlichkeitsarbeit zu unterstützen. Dass Rendons PR-Firma derart gefragt ist, ist nicht überraschend. Denn die Rendon Group spielte bereits im Golf-Krieg von 1991, als es um Kuwait ging, eine entscheidende Rolle. Damals bestand der Auftrag darin, eine umfassende Kommunikationsoffensive im Sinne der Amerikaner zu gestalten und geflüchteten Regierungsmitgliedern Medienunterstützung anzubieten. In London wurde eigens ein Studio eingerichtet, in dem das im Exil befindliche öffentlich-rechtliche kuwaitische Fernsehen seine Sendungen produzieren konnte.

Dunkle Kanäle

Nach dem Ende dieses Krieges hörte die Arbeit für die Rendon Group in dieser Wüstenregion jedoch nicht auf. Sie spielt nach wie vor eine entscheidende Rolle bei den Anstrengungen des CIA, Saddam Hussein zu stürzen. Die Rendon Group soll im Zusammenhang damit auch den Namen des Irakischen National-Kongresses geprägt haben, jener Koalition* von Oppositionsbewegungen, die aus insgesamt 19 irakischen sowie kuwaitischen Organisationen besteht und die in den Jahren von 1992 bis 1996 mehr als 12 Millionen Dollar von der CIA erhalten haben soll – und zwar über die Rendon Group. Darüber hinaus unternimmt die PR-Firma seit geraumer Zeit den Versuch, mit Hilfe von Videos und von Radioprogrammen Mitglieder der irakischen Armee gegen Saddam Hussein aufzuwiegeln.

Vor kurzem wurde zu diesem Thema ein ehemaliger Mitarbeiter der Rendon Group von der Zeitung „Asia Times" interviewt, ein Harvard-Student, der, wie er selbst erläutert, eines Tages aus heiterem Himmel rekrutiert wurde: „Es hatte sich in meiner Fakultät herumgesprochen, dass ich ein guter Übersetzer aus dem Arabischen sei, und dass ich Saddam Hussein imitieren könne. Und so erhielt ich einen Anruf von einer Person, die mich fragte, ob ich nicht dabei behilflich sein wollte, den Kurs der irakischen Politik zu ändern", erinnert er sich im Interview. Ihm sei nicht offen gelegt worden, wer sein neuer Arbeitgeber sei: die irakische Opposition, die CIA oder Leute aus Washington? Eins schien jedoch klar zu sein: Es ging darum, Saddam Hussein zu diskreditieren*, indem er lächerlich gemacht wurde. Dazu dienten Szenen, die im Stil von Slapsticks* produziert wurden. Sie führten beispielsweise einen irakischen Machthaber vor, der sich in seinen eigenen Lügen verfängt, oder seinen Sohn, der über seine Eitelkeit stolpert. Das einzige, was daran lustig gewesen sei, berichtet der Student, waren die Szenen, in denen die Leibgarde verhöhnt wurde, und ebenso die tollpatschigen Versuche der irakischen Regierung, die UN-Waffeninspektoren zu betrügen. Doch die meisten Szenen seien voller Fehler gewesen: „Wer im Irak würde zum Beispiel Witze über den Oberlippenbart von Saddam Hussein lustig finden, wenn die Mehrheit der irakischen Männer selbst einen Schnurrbart trägt?" So wirkungslos der Harvard-Student seine eigene Performance einstufen mochte, ein Publikum scheinen die Szenen dennoch gefunden zu haben: Nicht zufällig avancierte* der junge Mann zwischen 1996 und 2002 zum größten Radio-Star der irakischen Opposition in Bagdad.

Im Vergleich zu dieser Popstar-Produktions-Anstrengung erinnern andere Einsätze der privatwirtschaftlichen Informationskrieger an Aktionen von Graswurzel-Bewegungen. Zum Beispiel verteilte Hill & Knowlton kurz vor dem Ausbruch des Golf-Krieges von 1991 Tausende von „Free Kuwait"-T-Shirts an zahlreiche US-Bildungseinrichtungen. Kurz danach waren bei der Befreiung von Kuwait City Hunderte von Kuwaitis zu sehen, die amerikanische Fähnchen schwenkten. „Haben Sie jemals darüber nachgedacht", fragte John Rendon Jr. einmal einen Interviewer, „wie die Menschen nach siebenmonatiger Geiselhaft zu diesen Fähnchen kommen konnten? Und darüber hinaus zu Fähnchen der anderen Staaten der Koalition*? Nun, jetzt haben Sie die Antwort. Das war einer meiner Jobs."

Bellizistisches* Klima

Diese Aktion erinnert an eine der spektakulärsten Kampagnen, die Nike während eines exklusiv von Reebok gesponserten Marathons in Afrika inszenierte. Nike versuchte, die Werbehoheit des Konkurrenten Reebok dadurch zu unterwandern, dass man behinderte Teilnehmer dazu bewog, sich ein Nike-Zeichen auf die Stirn zu malen. Solche aggressiven, „Ambush Advertising" genannten Kampagnen sind mittlerweile typisch für das bellizistische* Klima im zivil-medialen Sektor: Der Begriff „Zeichenkrieg" ist den Marketing-Abteilungen der Konzerne völlig geläufig.

Dass PR-Agenturen wie die Rendon Group und Hill & Knowlton selbst auf Erfahrungen aus militärisch geführten Kriegen zurückgreifen können, macht sie für die zivile Industrie umso attraktiver. Dabei werden die Grenzen zwischen den staatlichen Informationskriegen und den Zeichenkriegen des freien Marktes immer durchlässiger. Nicht zufällig werden Wahlkampfbüros, die als schicke Multimedia-Environments* daherkommen, ebenso genannt wie die strategischen Hauptquartiere des Militärs: „war rooms". Gleichzeitig ähneln die Schaltzentralen der Weltpolitik immer mehr den Produktionsstudios der Werbe- und Unterhaltungsindustrie.

Im Zuge dieser Verschmelzung artikulieren* die großen PR-Agenturen auch eine Philosophie der Globalisierung*, die einen universellen Anspruch erhebt. Rendon Jr. formulierte diese Überzeugung einmal folgendermaßen: „Die alten

Lösungen für die Herausforderungen der Kommunikation gelten heute nicht mehr. Zeit und Technologie, Nachrichten und Information, begleitet von amerikanischer Popkultur – alles das hat dazu geführt, die Welt, die wir einst kannten, in jene Welt zu verwandeln, die wir jetzt kennen: Eine Welt, in der Wandel die einzige Konstante ist. Unsere Herausforderung heute lautet, den Wandel als ein Vehikel zu begreifen, mit dem wir die von uns angestrebten Ziele erreichen können."

aus: „Frankfurter Rundschau" vom 19. 3. 2003
(von Krystian Woznicki überarbeitete und freundlicherweise zur Verfügung gestellte Version vom 29. 5. 2003)

---

*imaginär: nur in der Vorstellung vorhanden / *synonym: sinnverwandt / *atrocities: Scheußlichkeiten / *avancieren: aufsteigen (im Sinne von Beförderung) / *Koalition: Bündnis mehrerer Parteien oder Staaten zur Durchsetzung ihrer Ziele / *diskreditieren: jemanden in Verruf bringen / *Slapstick: grotesk-komischer Gang, v. a. im Stummfilm / *bellizistisch: einen Krieg befürwortend / *Environment: Umgebung / *artikulieren: deutlich sprechen / *Globalisierung: Bezeichnung für die zunehmende Verflechtung der Volkswirtschaften; Internationalisierung des Handels

---

Hintergrundinformation:

Die unten abgebildete Karikatur zeigt den britischen Premierminister Tony Blair, der seine Entscheidung, an der Seite der USA in den Krieg gegen Saddam Hussein zu ziehen, u. a. mit den angeblichen Massenvernichtungswaffen des Irak begründete. Dies war in einem „Irak-Dossier" aufgelistet. Blair wurde im nachhinein – etwa vom ehemaligen Außenminister Robin Cook – beschuldigt, die Öffentlichkeit damit getäuscht zu haben.

aus: „DIE ZEIT" vom 10. 7. 2003

> Ein Beispiel für den manipulativen Umgang einer Regierung mit der Presse lieferte der deutsche Regierungssprecher Béla Anda, der selbst Journalist ist:

Schwaches Bild geliefert

Regierungssprecher Béla Anda hat sich in ein Strafverfahren und einen Schadenersatzprozess manövriert

von THOMAS VAN ZÜTPHEN

Gerhard Schröder packte die Moralkeule aus. Stocksauer über vorausgegangene Medienberichte zum Innenleben seiner vierten Ehe giftete der Kanzler Anfang Januar in der Jahrespressekonferenz, Journalisten hätten „keinerlei Recht zu lügen. Das sollte sich vielleicht der eine oder andere hinter die Ohren schreiben."

Den Appell ans journalistische Ethos hatte Schröders damaliger Sitznachbar, Béla Anda, offenbar überhört. Gegen den Regierungssprecher und ehemaligen Reporter nahm die Staatsanwaltschaft Berlin ihre zwischenzeitlich eingestellten Ermittlungen Ende Februar wieder auf. Unter dem Aktenzeichen 76Js614/Ö2 verdächtigt die Behörde Anda übler Nachrede, der Untreue und Unterschlagung. Am Ruf des Staatssekretärs Anda kratzt auch eine Klage des Bonner Fotografen Klemens Beitlich, die seit vergangener Woche beim Landgericht Berlin vorliegt. Beitlich fordert von Anda Schmerzensgeld und Schadenersatz. Der Streitwert beträgt 33 250 Euro.

Auslöser beider Verfahren ist eine Fotodiskette. Weil Beitlich nach einem Staatsbesuch Gerhard Schröders bei US-Präsident George Bush im Februar 2002 nicht zurück nach Berlin flog, sollte Anda die Fotodatei für ihn nach Deutschland transportieren. Delikate Depesche. „Die Fotos", so „Bild"-Reporter Beitlich, „zeigten schon damals, wie Präsident Bush unserem Kanzler brüsk den Rücken zuwendet. Das war dem Presseamt wohl nicht genehm." Fest steht, bei Beitlichs Auftraggebern, FOCUS und „Bunte", kam die Diskette nie an. Für den Verlust der Bilder fand Anda bis jetzt drei verschiedene Erklärungen.

Variante A: Zurück in Berlin alarmierte Anda den Fotografen in New York telefonisch. Die Diskette sei ihm noch in den USA gestohlen worden. Laut einem Tonbandmitschnitt des Gesprächs, der bei Ermittlungsauftakt zunächst verschwunden war, nun aber der Behörde vorliegt, verstieg sich Anda gar zu dem Verdacht, geheime Mächte seien im Spiel. Auf Beitlichs ironische Frage: „Kann's der CIA gewesen sein?", antwortete Anda allen Ernstes: „Kann schon sein. Dem Geheimdienst traue ich das zu, die sind so verrückt."

Variante B: Beitlichs Auftraggebern gegenüber stellte Anda den Fotografen als Schwindler dar: Nie habe er eine Diskette bekommen („Für derartige Botendienste stehe ich nicht zur Verfügung").

Variante C: Später korrigierte Anda, die Diskette sei ihm verloren gegangen.

Anda-Anwalt Michael Nesselhauf sieht die Wiederaufnahme des Verfahrens gelassen: „Das ist eine ganz normale Mechanik ohne jede Aussagekraft." Anda selbst hatte sich lange Zeit auf der sicheren Seite fühlen können. Ihre ersten Ermittlungen hatte die Staatsanwaltschaft Berlin im vergangenen Jahr nach nur einem Tag wieder eingestellt. Dennoch sei die Einstellung damals, so Anda vergangene Woche, „sehr gut begründet" gewesen.

Sehr gut vorbereitet hat nun der Fotograf Beitlich einen möglichen Erfolg gegen Anda. Schmerzensgeld soll die Straßenkinder-Stiftung „Off-Road-Kids" erhalten. Schirmherrin ist Kanzlergattin Doris Schröder-Köpf.

aus: „FOCUS" 12/2003

AB 37: Manipulierte Information

Die häufigsten Arten von Manipulation der Information sind:

Einseitige Information:
Es werden bewusst oder unbewusst nur Informationen einer bestimmten Art mitgeteilt. Typisches Beispiel: die Berichterstattung der DDR-Medien über die BRD, die in den seltensten Fällen Lügen verbreiteten, ihre Informationen aber sehr einseitig auswählten und bewerteten.

Überinformation:
Bis hin zur Langeweile wird zu einem Thema informiert.
So lange, bis niemand mehr weiß, wie ernst er eine Sache nehmen soll und worum es eigentlich geht. Beispiele: Berichterstattung über Krisengebiete, über Arbeitslosigkeit, über Überbevölkerung und Hunger. Kaum jemand fühlt sich ernsthaft betroffen.

Auswertung oder Abwertung bestimmter Information:
Wichtige Informationen können in einem Bericht kurz am Rande erwähnt werden, nebensächliche aber breit ausgeführt werden. In Zeitungen lässt sich die Gewichtung einer Information sowohl an der Seite, auf der sie gedruckt wird, als auch an der Zeilen- und Spaltenzahl messen. Wie unterschiedlich Zeitungen Informationen bewerten, zeigt sich beispielsweise an der „Bild"-Zeitung, welche meist die halbe Titelseite für die Überschrift über einen Artikel verwendet, dessen Informationsgehalt in anderen Zeitungen auf drei Quadratzentimeter zusammengefasst eine Lücke der x-ten Seite füllt.

Unterschlagen von Information:
Derjenige, für den eine Information wichtig ist, erhält sie nicht, weil es den Interessen der Informanten nicht entspricht. Informationen, die zu einem unerwünschten Handeln führen würden, werden vorenthalten. Darin besteht der Wert von Gipfeltreffen der Politiker und Verantwortlichen überhaupt. Ohne zwischengeschaltete und die Information beeinflussende Glieder und Filter (Delegierte, Beauftragte, Diplomaten) können Informationen direkt ausgetauscht werden.

Färbung:
Die Beurteilung einer Information fließt in die Information mit ein. Information wird dadurch verändert, dass sie zugleich mit der Bewertung vorgetragen wird.

aus: Winfried Prost: „Manipulieren durch Sprache"; München 1987, S. 100 f.

Aufgabe: Suche Beispiele für den manipulativen Umgang mit Informationen in Zeitungen und notiere sie in deinem Heft. Bei der Suche kann dir unter Umständen das Internet helfen.

▶ **Buchtipp:** Udo Ulfkotte: „So lügen Journalisten"; München 2001.
Wolf Schneider: „Unsere tägliche Desinformation"; 5. Auflage Hamburg 1992.

AB 38: *Spiel mit Worten* 79

Aufgabe: Was fällt beim Lesen dieses fiktiven Artikels auf? Notiere im Heft.

Schlacht um Worte

Heute berichtet die Tageszeitung von der Streikfront in Ostdeutschland. Ariel Scharon steht wegen seiner Politik erneut im Kreuzfeuer der Kritik. Auch Palästinenserpräsident Jassir Arafat, den der stellvertretende israelische Ministerpräsident Olmer ermorden lassen will, sei wegen seiner Haltung im Nahost-Konflikt unter Beschuss geraten.

Unter der Rubrik „Inland" ist zu lesen, Hamburg sei aufgrund der Hafenstraße zum Exerzierfeld für Polizei und Linksextremisten geworden. Der Innensenator habe schweres Geschütz gegen die Strategiepläne der Oppositionspolitiker aufgefahren, wobei sich mancher Journalist fragt, ob hier nicht mit Kanonen auf Spatzen geschossen wird.

Wie eine Bombe eingeschlagen ist die Meldung von dem Zugunglück in Bockholt, bei dem drei Schüler der Grund- und Hauptschule Süsel starben. Die Bundesbahndirektion schickte einen Vertreter an die Front, um den Reportern Auskunft zu geben. Der Bürgermeister hatte das nötige Kaliber, um Kritik zu üben.

Die schleswig-holsteinische Ministerpräsidentin Heide Simonis schickte ihre Wunderwaffe Ute Erdsiek-Rave los, um die Verwirklichung der überflüssigen Gesamtschule in Pansdorf durchzupeitschen. Die Bildungsministerin wird allerdings von vielen Lehrkräften aufgrund der teilweise unrealistischen Vorschläge, die aus ihrem Ressort an die Öffentlichkeit gelangen, für einen Blindgänger gehalten. Aber beim Kampf um die Bildung scheint alles erlaubt.

Die Diskussion um einen verlängerten Einkauf am Sonnabend ist erneut ausgebrochen. „Schlacht um den Ladenschluss" springt als Schlagzeile ins Auge. Der Wirtschaftsminister hat sein Pulver bezüglich der Schaffung neuer Arbeitsplätze verschossen.

Der Deutsche Gewerkschaftsbund DGB hat in den neuen Bundesländern durch eine Kampfabstimmung einen Streik vom Zaun gebrochen. Man fürchtet keine Feindberührung mit den Unternehmern. Den Vorwürfen, westdeutsche Funktionäre und Streikposten nach Ostdeutschland geschickt zu haben, weicht die DGB-Führung aus, und sie muss vor diesen verbalen Tretminen auf Tauchstation gehen.

Der amerikanische Präsident George W. Bush und der britische Premierminister Tony Blair bombardieren die Irak-Kriegsgegner mit neuen Behauptungen über Saddam Husseins angeblichen Besitz von Massenvernichtungswaffen.

AB 39: *Auch Fotos transportieren Meinungen*

Nicht nur mit Formulierungen, sondern auch durch die Verwendung von Fotos lassen sich subjektive Empfindungen auslösen oder verstärken und damit eine bestimmte Informationspolitik betreiben. Es gibt immer Fotografien, die einen Politiker in ungünstiger Lage oder Mimik zeigen. Man kann natürlich auch bewusst Fotos so aufnehmen, dass ein bestimmtes Meinungsbild suggeriert bzw. verstärkt wird. Dies plante unlängst der SPIEGEL, als er über den Autor Matthias Bröckers berichten wollte. Bröckers stellt in seinem Buch „Fakten, Fälschungen und die unterdrückten Beweise des 11. 9." im Zusammenhang mit dem Anschlag auf das World-Trade-Center in New York im Jahr 2001 die offiziellen Ermittlungsergebnisse der US-Regierung in Frage, wonach islamistische Extremisten dafür verantwortlich seien. Der SPIEGEL-Fotograf teilte Bröckers mit, die Redaktion wolle ein Foto mit ihm vor mystischem Hintergrund veröffentlichen. Das dann im SPIEGEL 42/2002 erschienene Bild von Bröckers trug die Unterschrift: „Was für manchen Rechten die ‚Auschwitzlüge' ist, könnte für manchen Linken die ‚Septemberlüge' werden." Der SPIEGEL-Buchverlag produzierte wenig später selbst ein Buch über die Ereignisse des 11. September, das dem von Bröckers weitgehend widerspricht.

In den „Lübecker Nachrichten" erschien am 15. 7. 2003 ein Artikel über den US-Präsidenten George W. Bush mit der Schlagzeile: „Der Moralist – ein Lügner?" Dazu wurde ein dem nebenstehenden Foto ähnliches Bild von Bush abgedruckt.

Wahlsieger Bush

Aufgaben:
- Welche Gründe könnte es für die Kritik des „SPIEGEL" an Bröckers geben?
- Wie beeinflussen sich Schlagzeile und Foto?
- Passen das Bild und die als Frage formulierte Schlagzeile zusammen?
- Der TAZ-Journalist Wiglaf Droste sagte einmal: „Wer zuerst ‚Auschwitz' sagt, hat gewonnen." Was könnte er damit gemeint haben?

AB 40: *Bildunterschriften* 81

Nicht nur mit der Auswahl von Fotos kann man die Leser manipulieren. Auch mit entsprechenden Erklärungstexten unter Bildern ist dies möglich. Das folgende Bild zeigt den Golfspieler John Daly. Die Untertitelung wich in zwei Zeitungen völlig voneinander ab.

Die BILD-Zeitung schrieb: *Die Sieger-Faust. „Yeah", schreit John Daly.*

Die WELT schrieb: *Wutausbruch nach Fehler beim Putt: John Daly.*

Die Sieger-Faust
„Yeah", schreit John Daly.

Wutausbruch nach Fehler beim Putt: John Daly

Aufgabe: Suche andere Beispiele aus Zeitungen und/oder Zeitschriften.

Leser werden durch Falschinformationen beeinflusst. Aber auch die ungeschickte Platzierung von Meldungen, die nichts miteinander zu tun haben, kann beim Leser unbeabsichtigte oder beabsichtigte Stimmungen auslösen. Dies kann fatale Folgen haben. Daher kommt Zeitungsmachern eine große Verantwortung bei der Anordnung der Artikel zu. Bisher haben die Redaktionen seriöser Tages- und Wochenzeitungen ein hohes Maß an Weitsicht bewiesen. Zwei Berichte – auf einer fiktiven Zeitungsseite nebeneinander platziert – sollen die Gefährlichkeit falscher Artikelanordnung in einer Zeitung veranschaulichen:

Staatsvertrag mit dem Zentralrat der Juden

3 Millionen Euro für die jüdische Gemeinschaft in Deutschland

Die jüdische Gemeinschaft in Deutschland erhält vom Bund künftig eine weitaus höhere finanzielle Unterstützung zur Integration der jüdischen Einwanderer aus den Ländern der früheren Sowjetunion und zur Festigung des jüdischen Lebens in Deutschland. Bundeskanzler Schröder gab bekannt, dass zu diesem Zweck ein Staatsvertrag zwischen der Bundesregierung und dem Zentralrat der Juden in Deutschland ausgehandelt werde. Die institutionelle Förderung durch die Bundesregierung solle auf drei Millionen Euro verdreifacht werden.

Deutsches Staatsdefizit verletzt Stabilitätspakt

Deutschland bekommt seine Verschuldung nicht in den Griff

Dieses Jahr wird Deutschland mit einem Staatsdefizit von 3,8 Prozent erneut den Euro-Stabilitätspakt verletzen. Dies meldete Finanzminister Hans Eichel gestern an die EU-Kommission nach Brüssel, die nun ein Sanktionsverfahren einleiten will. Das Defizit stieg bereits zum zweiten Mal an und nähert sich mit 3,8 Prozent der Vier-Prozent-Marke. Der psychologische Effekt dieses erneuten Anstiegs könnte die ohnehin schlechte Stimmung im Lande weiter drücken. Minister Eichel setzt auf den massiven Abbau von Subventionen.

Aufgaben:
- Worin liegt die Gefahr einer ungeschickten Platzierung?
- Suche passende Artikel und ordne sie ähnlich wie auf diesem Arbeitsblatt so an, dass der manipulative Charakter eines solchen Platzierens deutlich wird.

Die Macht der Boulevardzeitung

(Information für die Lehrkraft)

Oftmals wehren sich Menschen – wenn auch in der Regel ohne Erfolg – gegen die Berichterstattung der BILD-Zeitung. Meistens ist das der Fall, wenn das Blatt über Persönlichkeiten bewusst oder unbewusst falsch berichtet. Gelegentlich versuchen Prominente freilich selbst, dann gegen die BILD vorzugehen, wenn diese ihre Berichterstattung objektiv nachprüfbar belegen kann. Ein Beispiel ist die Auseinandersetzung zwischen der BILD und Prinz Ernst August von Hannover, der immer wieder in die Schlagzeilen der Boulevard-Presse geriet und im Juni 2000 einen Bericht der Zeitung dementierte, in dem es hieß, er habe bei der Weltausstellung in Hannover an einem Pavillon ‚sein Geschäft erledigt'.

Der STERN, der selbst oft wegen seiner reißerischen Machart und Inhalte in der Kritik steht, widmete dem großen Einfluss der BILD-Zeitung am 7. 12. 2000 eine eigene Titelgeschichte: „Wie Europas größte Zeitung Stimmung macht." Doch wer im Glashaus sitzt ...

AB 42: *Jede Zeitung hat ihre eigene Sprache*

Aufgabe: Am 7. März 2003 berichteten verschiedene Zeitungen über die anspruchsvolle Formulierung von Nachrichtentexten der „Tagesschau" der ARD. Ordne die Schlagzeilen den zwei Arten von Zeitungen (Tageszeitungen/ Boulevardzeitungen) zu und begründe deine Entscheidung. Was sollten die Redakteure bei der Wortwahl berücksichtigen?

„Tagesschau": Auch für Sie nur Fachchinesisch?

TV-Nachrichten oft Buch mit 7 Siegeln

Verstehen Sie Jo Brauner?

88 Prozent verstehen bei der Tagesschau nur noch Bahnhof

Schlagzeile	Zeitungsart

Exkurs III: Gerüchte in der Zeitung

Aufgaben:
- Was versteht man unter einem „Gerücht"?
- Wie entsteht ein Gerücht?
- Gibt es an deiner Schule auch Gerüchte?
- Kennst du Geschichten aus der Zeitung, die ausschließlich auf Gerüchten basieren?
- Wie lassen sich Gerüchte durch Formulierungen für den Leser kenntlich machen?
- Darf die Presse Gerüchte verbreiten?
- Wie soll man sich verhalten, wenn man Opfer eines Gerüchts geworden ist?

Schreibe deine Meinung dazu auf. Der folgende Artikel kann dir bei der Bearbeitung der Aufgaben helfen.

„Hast du schon gehört, dass..."

von Angela Grosse

Hatte Bill Clinton, oder hatte er nicht? Als die Gerüchte um die Vorgänge im Oval Office des Weißen Hauses in Washington zu laut wurden, richtete der Präsident eine „Hotline" ein, um dem Gerede Einhalt zu gebieten. Als Kanzler Schröder die Gerüchte über seine Ehe zu viel wurden, rief er das Berliner Landgericht an. Es entschied vergangene Woche, das Gerede dürfe nicht weiter verbreitet werden. „Aber Gerüchte lassen sich nicht verbieten. Dementis befördern sie oft noch, denn es werden noch mehr Menschen auf sie aufmerksam", sagt der Berliner Gerüchteforscher Hans-Joachim Neubauer. „Gerüchte hören erst auf, wenn sie sich als definitiv falsch oder richtig entpuppen", erläutert der Literaturwissenschaftler.

Seit gut 100 Jahren erforschen Völkerkundler, Psychologen, Soziologen und Sprachwissenschaftler Gerüchte. „Aber schon immer ziehen Gerüchte Menschen in ihren Bann, seit jeher kämpft man mit der Frage, ob wahr oder falsch ist, was die Leute reden", sagt Hans-Joachim Neubauer, der seine Forschungen im Buch „Fama – Eine Geschichte des Gerüchts" zusammentrug.

Das erste Gerücht ist mindestens schon 2400 Jahre alt. Ein Barbier aus Piräus, so erzählt Plutarch, erfährt 413 v. Chr. in seinem Laden von einem fremden Reisenden, dass die gewaltige athenische Flotte im Hafen von Syrakrus vernichtend geschlagen worden sei. Schnell rannte er in das sechs Kilometer entfernte Athen, um die Geschichte zu verbreiten. Dort wurde er gelyncht, weil er die Quelle nicht nennen konnte.

Exkurs III: „Hast du schon gehört, dass..." (Gerüchte; II)

Heute basieren Gerüchte oft auf vermeintlich seriösen Nachrichten. Der Wahrheitsgehalt eines Gerüchts ist aber weniger ein Kriterium für seine Zählebigkeit; immer geht es um verborgene Ängste und Sehnsüchte, die mit ihm transportiert werden. „In Zeiten von Unsicherheit und Krieg hatten Gerüchte immer Hochkonjunktur", sagt der Gerüchteforscher und verweist auf das Sprichwort „Kommt der Krieg ins Land, gibt es Lügen wie Sand".

Um Gerüchte zu stoppen, gab es im Zweiten Weltkrieg in den USA deshalb eine groß angelegte Kampagne. „Es wurden Gerüchte-Kliniken gegründet", erzählt der Forscher. Die erste rief der Harvard-Professor Gordon W. Allport in Boston ins Leben.

Gerüchtejäger waren vor allem Taxifahrer oder Wirte. Sie schrieben das Gehörte auf und schickten es an die Gerüchte-Kliniken. Dort untersuchten Geheimdienste und Sozialpsychologen das Gerede und entwickelten eine Therapie, um das öffentliche Bewusstsein von dem Einfluss der Gerüchte zu befreien. „Die Behandlungen waren recht einfach: In Sonntagszeitungen wie dem *Boston Sunday Herald-Traveler* erschienen Kolumnen unter der Überschrift „Warum glauben wir an das Gerücht?", so Hans-Joachim Neubauer. Ob die vernünftigen Richtigstellungen gegen den Zauber des flüchtigen Geredes allerdings wirkten, darf bezweifelt werden.

Gerüchte sind – wie der Witz – auch Waffen der Unterdrückten gegen ihre Unterdrücker, ein Ventil für den aufgestauten, ohnmächtigen Hass. In totalitären Gesellschaften werden Gerüchte deshalb von den Herrschenden gefürchtet. So steht beispielsweise in der Lagerordnung des Konzentrationslagers Sachsenhausen, „dass Glücksspiel und das Verbreiten von Gerüchten verboten sind", erzählt der Literaturwissenschaftler und ergänzt: „Zugleich nutzten die Nationalsozialisten Gerüchte, um ihre Ideologie durchzusetzen. Denn der Antisemitismus ist, wie Adorno schrieb, das Gerücht über die Juden."

Heutzutage tauchen Gerüchte, wie ihre Geschwister Nachricht und Klatsch, in allen Medien auf. Es sind Formulierungen wie „die Leute erzählen", „man sagt sich" oder „ich habe gehört", mit denen sich das Gerücht, die Fama, verbreitet. Der Überbringer des Gerüchts wirkt nicht wie sein Autor, die wirkliche Quelle des Gerüchts bleibt verborgen oder wird nur mit vielen Fragezeichen enthüllt. „Solange der Inhalt eines Gerüchts als möglich erscheint, solange er die Personen fasziniert, die mit diesem Gerücht in Kontakt kommen, solange brodelt es in der Gerüchteküche", sagt Hans-Joachim Neubauer. Gerade die zweideutigen Gerüchte entstehen nicht einfach zufällig oder durch unachtsames Gerede oder gar durch feindliche Propaganda. Sie entsprechen vielmehr den Wahrnehmungen derer, die sie verbreiten. Gerüchte als Spiegel des eigenen Befindens, des Gemütszustandes einer Gesellschaft?

„Wir stehen an der Schwelle zu einer neuen Epoche der Gerüchte", betont Hans-Joachim Neubauer. „Das Internet droht zur Gerüchteküche zu werden." Es geistern bereits E-Mails durch die virtuelle Welt, die nicht vor einem Computervirus im bekannten Sinn, sondern einem „Ideenvirus", einem Gerücht, warnen. Die Suche nach „Gerüchte und Internet" ergibt mehr als 39 000 Quellen als Antwort. „Handys, SMS, Internet, Kabel-TV – all dieses beschleunigt die Ausbreitung von Gerüchten dramatisch, macht die Quellensuche nahezu unmöglich. Gerüchte können noch ungehinderter grassieren, sich wie eine Seuche verbreiten", warnt der Forscher.

Auch nach 100 Jahren Forschung behält das Gerücht seine Macht. Wer Opfer dieser Macht wird, sollte das Gerücht ins Leere laufen lassen oder schlagfertig darauf reagieren. „Wirksam ist, nachdrücklich darauf zu bestehen, die Urheberschaft zu erfahren", so der Forscher.

Diesen Weg verfolgt auch Kanzler Schröder. Juristisch will er die Augen- und Ohrenzeugen des vermeintlichen Ehekrachs ausfindig machen – Gerichte als moderne Gerüchte-Kliniken. Ob dies das Brodeln in der Gerüchteküche beendet?

aus: „Hamburger Abendblatt" vom 28. 1. 2003

AB 43: *Das Gerücht* 87

A. Paul Weber: Das Gerücht
© VG Bild-Kunst, Bonn 2004

Aufgabe: Versuche, A. Paul Webers Federzeichnung aus dem Jahre 1942 zu erklären.

Gerüchteopfer

von WOLFGANG SCHMIDBAUER

Gerüchte kommen und gehen, eine Frage bleibt: Wie soll man sich als Gegenstand mehr oder weniger aus der Luft gegriffener Behauptungen verhalten? Der wahrheitsliebende Ethikrat ist dem Gerücht als solchem einmal nachgegangen.

Das Wort „Gerücht" stammt aus dem Mittelniederdeutschen. Sein Wortstamm führt auf ein Verbalabstraktum von „rufen" zurück: *geruefete*. Zunächst bezeichnete Gerücht tatsächlich das auch rechtlich bedeutungsvolle öffentliche Geschrei über eine Untat. Gerüchte, das wissen wir heute, werden in Gerüchteküchen gebraut. Die Ingredienzien* sind Missgunst, Fehlinformation, Vorurteil und Wunschdenken, manchmal auch geplante Bosheit. Die Ziele sind jene, denen man's zutraut. Opfer werden dann aber alle, denen am guten Ruf der Ziele etwas liegt – beispielsweise die Ehefrau eines Mannes, dem ein heimliches Verhältnis nachgesagt wird.

Die amerikanischen Gerüchteforscher Allport und Postman zeigten 1945 ihren Versuchspersonen ein Bild, auf dem zwei Männer zu sehen waren: ein Dunkelhäutiger und ein Weißer, in freundschaftlichem Gespräch dargestellt. Der Weiße hielt ein Rasiermesser in der Hand. Die Beobachter sollten in einer Kette mündlicher Überlieferungen den Inhalt des Bildes wiedergeben. Binnen kurzem wurde aus dem weitergetratschten Bericht folgende Szene: „Ein Schwarzer, der einen Weißen mit einem Rasiermesser bedroht." Gerüchte verschärfen und nivellieren* die Realität; sie passen sie an Vorurteile an und werden so zum niedrigsten gemeinsamen Nenner sozialer Gruppen. Sie stützen Ressentiments*, trüben die Orientierung – und werden gern geglaubt.

Um den blinden Größenwahn orientalischer Despoten* zu verdeutlichen, wird ihnen manchmal unterstellt, sie ließen jene köpfen, welche ihnen eine schlechte Nachricht überbringen. Wir im Westen bilden uns ein, über solche primitive Rachsucht erhaben zu sein. Niemals würde es unser Gerechtigkeitsempfinden zulassen, einen Boten für seine Botschaft zu bestrafen. So glauben wir. Bis wir zum ersten Mal das Opfer eines Gerüchts werden. Was das Gerüchteopfer in hilflose Wut versetzt, ist die Tatsache, dass es in seiner Beschämung allein ist und kein Feind greifbar. Andere Opfer finden vielleicht einen Täter, den sie bestrafen, wenigstens verfluchen, andererseits auch befragen und verstehen können. Das Opfer eines Gerüchtes hingegen findet immer nur Boten, die sich – zur Rede gestellt oder gar verklagt – selbst als Opfer aufführen, haben sie doch nichts anderes getan, als eine Geschichte weiterzugeben. Sie haben sich nichts dabei gedacht. Sie haben es eigentlich auch nicht geglaubt. Aber es hätte doch etwas dran sein können! Erzählt hat es schließlich jemand, der sonst glaubwürdig, der keineswegs unkritisch ist. Er hat es im Vertrauen erzählt. Und er hat gesagt, dass seine unbekannte Quelle ganz nahe an der Wahrheit entsprungen ist. Im alten Rom war „Fama" das Wort für den Ruhm und das Gerücht. Beiden sagt Vergil nach, dass sie im Voranschreiten wachsen. „Klein ist sie (die Fama) bei der ersten Bewegung, dann erhebt sie sich in die Lüfte empor und schreitet fest auf dem Boden, während sie das Haupt in den Wolken verbirgt." Das Opfer eines Gerüchts kann oft keine Gerechtigkeit finden, nur Trost. Ein Trost liegt darin, dass Gerüchte negative Komplimente sind. Gottfried August Bürger hat es 1786 in dem Gedicht *Trost* so formuliert:

„Wenn dich die Lästerzunge sticht / So lass dir dies zum Troste sagen: / Die schlechtesten Früchte sind es nicht, / Woran die Wespen nagen."

Wem niemand etwas zutraut, der bleibt von Gerüchten so gut verschont wie vom Ruhm. Wer sich aber den Ruhm wünscht, muss auf das Gerücht nicht lange warten. Es ist ihm zu raten, es gelassen zu ertragen, es unaufgeregt zu entkräften und im Übrigen darauf zu warten, dass sich die angeblich schuldlosen Boten schließlich doch vor dem Schmutz ekeln, der kleben bleibt, wann und wo auch immer ein Gerücht weitergetratscht wird.

aus: „Die Zeit" vom 16. 1. 2003

---

*Ingredienzien: Zutaten / *nivellieren: gleichmachen, ebnen / *Ressentiment: gefühlsmäßige Abneigung / *Despot: herrische Person, Gewaltherrscher

Exkurs IV: *Politische Korrektheit (I)*

> **Exkurs IV:** Politische Korrektheit

Diskriminierung vermeiden!

Journalisten, die Rassismus und Diskriminierung vermeiden wollen, sollten bei der Berichterstattung über Straftaten besonders sorgfältig sein. (...) Es ist in jedem Fall sinnvoll zu prüfen, ob es der Sachverhalt notwendig macht, die straffällige Person als Ausländer zu charakterisieren. Denn bereits diese Charakterisierung kann vor dem Hintergrund rassistisch aufgeladener Diskurse* zu zusätzlichen Stigmatisierungen* führen. Auch das Herausstellen anderer Sitten und Gebräuche, Normen und Werte kann in diesem Zusammenhang problematisch sein. Meist ist es ohnehin überflüssig. Wenn ausländische Jugendliche, in Deutschland geboren und sozialisiert, in Straftaten verwickelt sind, kann dies kaum mit ihrer Herkunft in Verbindung gebracht werden. Von wenigen Ausnahmen abgesehen, erübrigt sich also ein Verweis auf die (ursprüngliche) Herkunft der Eltern oder Großeltern.

Ebenso sollten Anspielungen auf andere Straftatenkomplexe vermieden werden. Die häufig zu beobachtende Aufzählung von Delikten, für die sich der Straffällige bereits hat verantworten müssen, hat den Effekt, ihn (oder sie) als schwer kriminell zu stigmatisieren.

Es sollten Wörter vermieden werden, die durch ihre semantischen Konnotationen* negativ aufgeladen sind. Das Wort „Drogendealer" wurde beispielsweise in den letzten Jahren ausländerspezifisch und negativ wertend aufgeladen. Es stellt einen Bezug zu Ausländern her, ohne dass dies explizit* gesagt wird. Entsprechendes gilt für Begriffe wie „Mafia" und „Organisierte Kriminalität" (OK). Es ist für den jeweils konkreten Fall zu überlegen, wie berichtet werden kann, ohne dass davon ein rassistischer Effekt ausgeht.

Vorsicht auch bei der blinden Übernahme von Polizeiberichten. Die Pressesprecher der Polizei und polizeiliche Führungskräfte servieren oftmals einschlägige auf (in einigen Bundesländern inzwischen nur leicht abgemilderten) Erfassungsbögen vorgegebene Markierungen wie „negroid", „asiatisch", „südländisch", „orientalisch", „Deutsch mit ausländischem Akzent", „gebrochen deutsch", „fremde Sprache", „pommerisch". Zur Wahrheitsfindung tragen sie meist nichts bei. (...)

*Margarete Jäger/Siegfried Jäger: Diskriminierung vermeiden!,
in: journalist – Das Deutsche Medienmagazin 5/2000.*

---

*Diskurs: Diskussion, Streitgespräch / *Stigmatisierung: Kennzeichnung in diskriminierender Weise / *Konnotation: assoziative, emotionale, stilistische, wertende [Neben-]bedeutung / *explizit: ausdrücklich

---

Aufgabe: Was wird kritisiert? Kannst du der Meinung des Autors zustimmen? Schreibe auf und begründe.

▶ Hinweis für die Lehrkraft: siehe auch AB 15 (Seite 34).

… Exkurs IV: *Politische Korrektheit (II)*

Wenn die Minderheiten-Quote zum Bumerang wird

„Ein Jude wird befördert, weil er Jude ist":
Positive Diskriminierung, Kehrseite der Politischen Korrektheit –
Konservierung alter Feindbilder

Von PETER DITTMAR

„Ein Jude wird befördert, obwohl er Jude ist. Ein Neger wird befördert, weil er Neger ist." Der amerikanische Soziologe Ernest van den Haag registrierte das in den Siebzigerjahren in seinem Buch „Die Juden, das rätselhafte Volk". Damit wies er auf eine Form der Politischen Korrektheit hin, die man als „positive Diskriminierung" bezeichnen kann – und die nach wie vor aktuell ist.

Nun gilt van den Haags Diktum* gewiss nicht für Deutschland. Bei uns müsste es heißen: „Ein Jude wird befördert, weil er Jude ist" oder „Eine Frau …", „Ein ausländischer Mitbürger …". Auch Schwule und Lesben, Sinti und Roma, Behinderte, sozial Schwache und noch manche andere dürfen auf eine solche Bevorzugung rechnen. Sie alle gehören Gruppen an, denen, obwohl die meisten sie innerlich verabscheuen und für minderwertig halten, ein Sonderstatus zugebilligt wird. Sie werden demonstrativ – und nicht reinen Herzens oder wegen ihrer Qualifikation – auf ein Podest gestellt, das man ihnen als „Normalbürgern" verweigern würde. Diese politisch korrekte Liebe, die nur opportunistische* Heuchelei ist, hat – auf die Juden bezogen – Gabriel Laub mit dem Aphorismus* charakterisiert: „Der Philosemit: ein Antisemit, der die Juden mag."

Diese Gruppen stehen weitgehend außerhalb der Kritik. Also gilt: Der Zigeuner mag zweifelhaft sein, Sinti und Roma sind immer gut. Demgemäß wird Kritik am Feminismus nur den Feministinnen zugebilligt. Darf eigentlich nur Alice Schwarzer Negatives über die Frauen sagen, und gelten Germaine Greer oder Katharina Rutschky, die zwar unter dieser Fahne antraten, aber ihre geistige Unabhängigkeit nicht aufgaben, der feministischen Orthodoxie als „Verräterinnen"?

Im Falle der Juden dürfen das Privileg der Kritik angeblich nur ein Henryk Broder, Michael Wolffsohn oder Raphael Seligmann beanspruchen, von denen jeder weiß, dass sie Juden und damit etwas Besonderes sind. Das verrät bereits als Ausdruck dieser positiven Diskriminierung die Adjektiv-Kombination „der deutsch-jüdische Historiker …", „der deutsch-jüdische Schriftsteller …". Indem niemand sonst „der deutsch-evangelische Autor …", „der deutsch-katholische Wissenschaftler …" schreibt, wird unterstellt, dass „deutsch" und „jüdisch" eigentlich einander ausschließende Zugehörigkeiten seien. Nun ist eine Bevorzugung nach Stand nicht etwas unbedingt Neues. Ein dichtender, musizierender, komponierender Fürst – Friedrich der Große ist eines der Beispiele – konnte niemals gewiss sein, dass die Lobredner immer seine Kunst und nicht zugleich seinen Rang im Auge hatten. Kaum anders geht es Reichen oder Prominenten, denen Zuneigung oder Verehrung zuteil wird. Sie wissen nie, ob sie selbst oder nicht doch nur ihr Geld und ihr Einfluss gemeint sind. Denn unsere Gesellschaft, in der jeder die gleichen Rechte und Pflichten hat, kennt sehr wohl Unterschiede. Minderheiten werden als Gruppe zu Recht gewisse Privilegien zugebilligt. So kommen, wenn man sich das politische Spektrum betrachtet, die FDP, die Grünen und die PDS in den Medien gewöhnlich im gleichen Umfang zu Wort wie die großen Parteien. (…)

aus: „Die Welt" vom 3. 4. 1998

---

*Diktum: Ausspruch / *opportunistisch: sich „anpassend" verhalten / *Aphorismus: treffende, geistreiche Formulierung

Aufgabe: Was wird kritisiert? Kannst du der Meinung des Autors zustimmen? Schreibe auf und begründe.

Exkurs IV: *Politische Korrektheit (III)*

Zu den wertenden Textsorten in einer Zeitung gehören die mit dem Kommentar vergleichbaren Leserbriefe. In ihnen können Leser ihrem Ärger über einen Artikel Luft machen; immer wieder sind sie aber auch Antworten auf Zuschriften von anderen Lesern. In Leserbriefen kann es zu Verunglimpfungen oder zur Beleidigung von Andersdenkenden kommen, wie der unten abgedruckte Leserbrief aus den „Lübecker Nachrichten" zeigt. Mancher dieser Texte landet daher unveröffentlicht im Papierkorb der Redaktion. Jedenfalls findet sich in der Rubrik „Leserbriefe" einer Zeitung immer der Hinweis, dass die veröffentlichten Zuschriften nicht unbedingt die Meinung der Redaktion wiedergeben.

Zum Leserbrief von Horst B▮▮▮, LN vom 17. 3. 02:

Konsequenz: Wählen gehen

Ich muss nur den Namen „Horst B?▮▮▮" lesen und mir steigen die Nackenhaare hoch ... Die politische Gesinnung dieses „Herrn" kann ich nur als höchst gefährlich, verbohrt und engstirnig bezeichnen! Und trotzdem ist es richtig, geradezu notwendig, seine „Ergüsse" zu veröffentlichen, weil jeder, der mit halbwegs klarem politischen Verstand ausgestattet ist, hoffentlich Folgendes verinnerlicht: Wählen! Um Gottes willen, bei aller Politikverdrossenheit – wählen! Jedes fehlende Kreuz freiheitlich demokratisch wirkender Menschen bringt diejenigen weiter, die ausschließlich mit der rechten Hirnhälfte denken.

JÖRG L▮▮▮

aus: „Lübecker Nachrichten" vom 28. 3. 2002

Aufgaben:
- Mit welchen Adjektiven und Begriffen wird Horst B. durch Jörg L. beleidigt?
- Schreibe auf, welche Bedeutung die von L. verwendeten Begriffe haben.
- Wie versucht L., B. in die „rechte Ecke" zu stellen?
- Was unterstellt L. dem Leserbriefschreiber B.?
- In einem FOCUS-Interview (FOCUS 16/2002) sagte der britische Bestseller-Autor Frederick Forsyth:

    „Ich fürchte die deutsche politische Korrektheit mehr als einen neuen Hitler."

    Setze diese Äußerung in Beziehung zu dem abgedruckten Leserbrief und schreibe auf, was Forsyth meint.

Exkurs V: Journalisten inszenieren – manchmal – Wirklichkeit

„Die Kunst der Mediengewaltigen besteht nun gerade darin, alle Mittel einer raffinierten, hochprofessionellen Inszenierung einzusetzen. Diese Manipulation geschieht in voller Absicht und aus kaltem Kalkül. (...)

Bei dieser gigantischen Inszenierung der Wirklichkeit gedeiht ein Journalismus, der fast völlig ohne wirkliche Information auskommt. (...)

Erhebliche Zweifel an der glaubwürdigen Unterrichtung durch die Medien sind angebracht. Ob eine Wasserlache vor einem ägyptischen Tempel rot retuschiert wird, um die Blutrünstigkeit von Terroristen gebührend zu unterstreichen, ob geldgierige ‚Reporter' ganze Bildartikel zum Thema ‚Neonazis' mit gestellten Fotos bestücken (...): Es scheint fast alles möglich zu sein."

Manfred Lahnstein, Bundesfinanzminister a. D.

„Die Pressefreiheit (...) findet dort ihre Grenzen, wo sich Journalisten ihnen politisch oder sonstwie missliebige Menschen gezielt als Opfer suchen, sie für vogelfrei erklären und ihnen nachstellen, bis sie sie zur Strecke gebracht haben."

Rolf Dressler, Chefredakteur des „Westfalen-Blatt"

WDR-Honorar an Neonazis

Der Westdeutsche Rundfunk (WDR) hat an Rechtsextremisten ein Honorar von 750 Mark für Interviews bezahlt. (...) Ohne diese Zahlung – so teilte ein Sprecher des Senders mit – wäre der Film „in dieser Form nicht zustande gekommen".

nach einer Meldung in: „Jüdische Allgemeine Wochenzeitung" vom 26. 1. 1983

Aufgaben:
- Überlege: Was ist das – Wirklichkeit?
- Welche Gründe gibt es, die Wirklichkeit zu verfälschen und/oder zu erfinden?
- Sind dir journalistische Inszenierungen von Wirklichkeit oder Kampagnen gegen Menschen bekannt?
- Wie denkst du darüber: Darf man missliebige Personen durch falsche Berichterstattung „fertig machen"?

▶ **Buchtipp:** Hubertus Knabe: *„Der diskrete Charme der DDR – Stasi und Westmedien"*.
Fritz Schenk: Der Fall Hohmann. Die Dokumentation; München 2004.

AB 45: *Medien machen Ereignisse*

Aufgaben:
- Lies den Artikel.
- Finde heraus, wie Wirklichkeit inszeniert wird.
- Wie lautet die These von Professor Wolfgang Kissel?
- Was bringt Kissel seinen Studenten bei?
- Welche Berufe könnten Kissels Studenten später ergreifen?
- Soll man der Presse grundsätzlich vertrauen? Was empfiehlst du?

Schnacksel-Orden für Gloria

Ins Schloss der Familie Thurn und Taxis ist ein Mann eingedrungen. Der Sohn eines Afrikaners und einer Deutschen wird von Studenten begleitet. Im Innenhof fragt er, während die Studenten ihn filmen: „Haben Durchlaucht heute schon geschnackselt?" Er will die Fürstin provozieren, die am 9. Mai in der Talkshow „Friedman" gesagt hatte, dass sich Aids in Afrika deshalb so schnell ausbreitet, weil Schwarze besonders viel „schnackseln", ein bayerischer Begriff für „Sex haben". Der ungebetene Besucher stellt sich als „Reichshauptschnackselführer" vor und will Gloria den „Schnacksel-Orden am Bande" überreichen. Die lässt ihn rauswerfen und klagt auf Hausfriedensbruch.

Die jungen Leute, die gefilmt haben, studieren an der Bauhaus-Universität in Weimar Mediengestaltung. Aktionen wie diese entstehen in Projekten unter Leitung von Professor Wolfgang Kissel. Der 38-Jährige lehrt seit einem Jahr das Fach „Medienereignisse". Er bringt seinen Studenten bei, wie Funk, Fernsehen und Printmedien funktionieren. Seine These: „Ohne Medien geschieht bekanntlich gar nichts mehr. Sie produzieren die Ereignisse, über die sie berichten, selbst oder provozieren sie zumindest." Die Studenten planen Aktionen, versuchen, sie regional oder auch bundesweit als Themen zu platzieren. Ein Beispiel: Als im vergangenen Frühjahr die NPD zwei Kundgebungen in Weimar anmeldete, baten Kissel und seine Studenten alle Bewohner, Pantoffeln zu spenden und forderten die NPD auf, sie anzuziehen, „damit das historische Pflaster der Stadt nicht beschädigt wird". Die Vorstellung von Neonazis, die im verhinderten Gleichschritt über Pantoffeln stolpern, sollte ihnen die Gefährlichkeit nehmen. Bald türmten sich die Hausschuhe auf dem Bahnhofsvorplatz, Bürger, die sich nie an Aktionen gegen rechts beteiligten, wurden zu „Pantoffelhelden". Das Medienspektakel war perfekt. Die NPD-Kundgebung fand nicht statt.

aus: „Lübecker Nachrichten" vom 27. 6. 2001

Aus dem „Pressekodex*"

1. Die Achtung vor der Wahrheit, die Wahrung der Menschenwürde und die *wahrhaftige Unterrichtung* der Öffentlichkeit sind oberstes Gebot der Presse.

2. Zur Veröffentlichung bestimmte Nachrichten und Informationen in Wort und Bild sind mit der nach den Umständen gebotenen Sorgfalt auf ihren Wahrheitsgehalt zu *prüfen*. Ihr Sinn darf durch Bearbeitung, Überschrift oder Bildbeschriftung weder *entstellt noch verfälscht* werden. Dokumente müssen sinngetreu wiedergegeben werden. Unbestätigte Meldungen, *Gerüchte* und Vermutungen sind als solche erkennbar zu machen. (...)

3. Veröffentlichte Nachrichten oder Behauptungen, die sich *nachträglich als falsch* erweisen, hat das Publikationsorgan, das sie gebracht hat, unverzüglich von sich aus in angemessener Weise richtigzustellen. (...)

8. Die Presse achtet das *Privatleben* und die Intimsphäre des Menschen. Berührt jedoch das private Verhalten öffentliche Interessen, so kann es im Einzelfall in der Presse erörtert werden. Dabei ist zu prüfen, ob durch eine Veröffentlichung Persönlichkeitsrechte Unbeteiligter verletzt werden.

9. Es widerspricht journalistischem Anstand, *unbegründete Behauptungen und Beschuldigungen*, insbesondere ehrverletzender Natur, zu veröffentlichen.

10. Veröffentlichungen in Wort und Bild, die das *sittliche oder religiöse Empfinden* einer Personengruppe nach Form und Inhalt wesentlich verletzen können, sind mit der Verantwortung der Presse nicht zu vereinbaren.

11. Die Presse verzichtet auf eine unangemessen sensationelle Darstellung von *Gewalt und Brutalität*. Der *Schutz der Jugend* ist in der Berichterstattung zu berücksichtigen.

12. Niemand darf wegen seines Geschlechts oder seiner Zugehörigkeit zu einer rassischen, ethnischen, religiösen, sozialen oder nationalen Gruppe *diskriminiert** werden. (...)

aus: Deutscher Presserat: Publizistische Grundsätze (Pressekodex); Bonn o. J.

---

*Kodex: Verhaltensregeln / *diskriminieren: herabsetzen, verächtlich machen

---

Aufgabe: Lies dir die journalistischen Grundsätze durch. Sie sind nur allgemein formuliert. Denke dir Beispiele aus, die die einzelnen Punkte deutlicher machen. Welche Punkte des Pressekodex sollten deiner Meinung nach für Journalisten besonders wichtig sein? Begründe.

AB 46: *Der Pressekodex und die Praxis*   95

Aufgabe: Ist die folgende BILD-Schlagzeile mit dem Pressekodex vereinbar? Begründe deine Meinung.

Seite 12 * BILD * 4. Juli 2003

Ist dieses Milchgesicht ein teuflischer Mädchenmörder?

Von M. MECKELEIN

Mühlhausen – „Eigentlich hätte Nadine jetzt ihr Abschlusszeugnis bekommen. Wie gern hätten wir sie umarmt. Stattdessen sind wir gezwungen, noch einmal die schrecklichste Nacht für unsere Tochter und für uns zu durchleben", sagt die Mutter.

Es war der schwerste Tag für Frank (46) und Angelika B. (42). Im Landgericht Mühlhausen (Thüringen) sahen sie gestern den Jungen wieder, der ihnen ihre Tochter Nadine (†17) genommen hat. Sebastian S. (21) soll die schöne Fremdsprachenschülerin mit zwölf Messerstichen ermordet haben (BILD berichtete). Sie war auf dem Weg in die Disco.

Mit gesenktem Kopf und in Hand- und Fußfesseln betrat der Angeklagte den Saal. Die Eltern kamen als Nebenkläger. Nadines Mutter stellte ein Bild ihrer Tochter auf den Tisch. Der Vater hatte eine weiße Rose mitgebracht. Dann trat er in den Zeugenstand.

„Nadine schien sehr glücklich und freute sich auf das Treffen mit ihren Freundinnen. Sie hockte sich auf den Teppich, und wir unterhielten uns noch. Ich bot ihr an, sie später abzuholen. Sie akzeptierte."

Schon eine Stunde später klingelte bei den Eltern das Telefon. „Meine Frau sagte noch: Nadine wird doch wohl noch nicht abgeholt werden wollen. Aber es waren die Freundinnen am Telefon. Da wusste ich, dass was passiert war."

Nadine war nicht zum vereinbarten Treffpunkt erschienen. Der Vater fuhr die Straßen ab. Von Nadine keine Spur. „Dann gingen wir zur Polizei. Das waren die schlimmsten Minuten, weil wir ahnten: Sie kommt nicht zurück."

Nadine war schon tot. Sie lag unter einer Buche. Ihre Felljacke war blutdurchtränkt.

Der Angeklagte hörte schweigend zu. Dann las er eine Erklärung vor: „Ich möchte den Eltern von Nadine sagen: Ich weiß, wie schlimm diese Tat ist, und ich schäme mich, dass die Polizei sagt, ich soll es gewesen sein."

Er kann sich angeblich an nichts erinnern, leidet angeblich an einer Psychose. Der Prozess wird fortgesetzt.

Der SPIEGEL-Journalist Henryk M. Broder wirft auf seiner Website dem Autor Matthias Bröckers vor, ein „kranker Kopf" zu sein. Anlass für Broders Äußerungen war ein in den Medien umstrittener Bestseller, in dem Bröckers Zweifel an den Untersuchungsergebnissen der US-Regierung über die Anschläge auf das World-Trade-Center vom 11. 9. 2001 äußert.

Aufgabe: Verletzt Broder den Pressekodex? Begründe deine Meinung.

AB 47: *Guter Journalismus, schlechter Journalismus (I)*

Aufgabe: Ordne die folgenden Begriffe den Spalten zu und erläutere sie:

Betrug, Erkenntnis, Manipulation, Tatsache, Fakt, Ideologie, Schein, Glaube, Wissen, Wirklichkeit

Wahrheit	Lüge

Aufgabe: Wodurch sind guter und schlechter Journalismus gekennzeichnet?

guter Journalismus	schlechter Journalismus

Aufgaben:
- Welche Aspekte sind für einen guten Journalismus deiner Meinung nach am wichtigsten?
- Was bedeutet „journalistischer Anstand"?

AB 47: *Guter Journalismus, schlechter Journalismus (II)*

Hier sind Formulierungen abgedruckt, die der Journalist Michael Hesemann in Veröffentlichungen verwendet hat und die als Beispiele für schlechten Journalismus gelten – auch wenn Hesemann sich darauf berief, er habe einige Wendungen ironisch benutzt:

Vermutungen mangels Information und/oder mangels Recherchen:

„Offenbar beherrschen Koch & Kyborg nicht einmal die simpelsten Regeln deutscher Rechtschreibung, sonst wäre es ihnen in den Sinn gekommen, dass es als Titel großgeschrieben worden wäre."

aus: „Magazin 2000 plus", Nr. 130/131 (September 1998), Seite 69

„Frau Meier (...) scheint sich das meiste aus den Schriften der Meier-Gegner zusammengelesen zu haben."

aus: „Magazin 2000 plus", Nr. 130/131 (September 1998), Seite 76

„(...) ganz offensichtlich wussten die Damen und Herren Reporter schon, was sie berichten wollten, lange bevor sie ihren Fuß über die Schwelle des SENATOR-Hotels setzten."

aus: „Magazin 2000", Nr. 108 (Januar 1996), Seite 50

„(...) Der Faden ist offenbar in das Bild hineinmanipuliert worden."

aus: „Magazin 2000", Nr. 108 (Januar 1996), Seite 51

„(...) ganz offensichtlich sind wir der Wahrheit verdammt nahe gekommen, sonst würde das Establishment nicht so wild um sich schlagen."

aus: „Magazin 2000", Nr. 108 (Januar 1996), Seite 54

Diffamierung Andersdenkender als Lügner:

„Man lasse (...) Werner Walter seine Lügen erzählen (...)."

aus: „Magazin 2000", Nr. 108 (Januar 1996), Seite 50

„(...) Birgit Schrowange lügt, ohne rot zu werden!"

aus: „Magazin 2000", Nr. 108 (Januar 1996), Seite 51

„(...) auch Günther Jauch lügt, ohne rot zu werden."

aus: „Magazin 2000", Nr. 108 (Januar 1996), Seite 52

„Eigenlob stinkt" – aber nur bei anderen:

„(…) nachzulesen in Hesemanns Standardwerk ‚Geheimsache UFO'."   *aus: „Magazin 2000 plus", Nr. 130/131 (September 1998), Seite 76*
„(…) erlaube ich mir, Ihnen ein Exemplar meines kürzlich erschienenen Bestsellers (…) zu übersenden."   *aus: „Magazin 2000", Nr. 116, Seite 31 (Hesemann bot sein Buch „UFOs über Deutschland" – einen angeblichen Bestseller, was der FALKEN-Verlag nicht bestätigen mochte – dem damaligen Bundesverteidigungsminister Volker Rühe an)*
„(…) ein Teil der ca. 150 Zuschauer (…) war von weit her (…) gekommen, um mich zu hören (…)"   *aus: „Magazin 2000", Nr. 108, Seite 15*
„Auf diese Weise behandelt man keinen international renommierten Referenten (…)"   *aus: a. a. O., Seite 16*
„(…) viele von Walters Deutungen sind einfach an den Haaren herbeigezogen, woran auch die Selbstbeweihräucherungen des Autors nichts ändern."   *aus: „Magazin 2000", Nr. 114, Seite 54*

Kritik an anderen Personen oder: „Wer im Glashaus sitzt…"

„den (…) dümmlich-arroganten Newcomern von der DEGUFO…"   *aus: „Magazin 2000", Nr. 103 (1995), Seite 56*
„Bleibt nur zu hoffen, dass sich nicht allzu viele Leser von einem solchen Schmierenjournalismus blenden lassen…"   *aus: „Magazin 2000 plus", Nr. 130/131 (September 1998), Seite 71*
„Die ‚Hauslaternenhypothese' stammt (…) vom dubiosen Münchner Computerfreak Rolf-Dieter Klein."   *aus: „Magazin 2000 plus", Nr. 130/131 (September 1998), Seite 76*
„(…) der fiese Johannes Fiebag."   „(…) Fiebag (intrigant, verschlagen)."   *aus: „Magazin 2000", Nr. 108, Seite 65*

Aufgaben:
- Warum soll ein Journalist solche Formulierungen nicht verwenden?
- Welche Punkte des Pressekodex verletzt Hesemann?

„Wenn ich Journalist wäre ..."

Begründung

... würde ich Nachrichten, die Vorurteile bestärken könnten, den Lesern verschweigen. ☐ JA ☐ NEIN	
... würde ich über rechtsextremistische Parteien immer *unsachlich* und über linksextremistische Parteien immer *sachlich* berichten. ☐ JA ☐ NEIN	
... würde ich bei Straftaten von Ausländern den Lesern die Nationalität verschweigen. ☐ JA ☐ NEIN	
... würde ich auch über Gewalttaten und Verbrechen informieren. ☐ JA ☐ NEIN	
... würde ich nichts Schlechtes über Minderheiten berichten. ☐ JA ☐ NEIN	

Nach: Eckart Thurich: „Die öffentliche Meinung"; Bundeszentrale für politische Bildung, Heft 10/1998, S. 30.

„Wenn ich Journalist wäre …"

Begründung

… würde ich Kriegs- und Verbrechensopfer möglichst in Großaufnahmen zeigen. ☐ JA ☐ NEIN	
… würde ich auch Interviews mit Kriegsverbrechern und Terroristen führen. ☐ JA ☐ NEIN	
… würde ich viel mehr Positives berichten. ☐ JA ☐ NEIN	
… würde ich alles in der Zeitung bringen, was die Auflage steigern kann. ☐ JA ☐ NEIN	
… würde ich versuchen, nur objektive Kritik an Zuständen und/oder Personen zu üben und auf Diffamierungen Andersdenkender zu verzichten. ☐ JA ☐ NEIN	

Online-Zeitungen

Berliner Zeitung	http://www.berlinonline.de
Bild, Hamburg	http://www.bild.de
Kreiszeitung Böblinger Bote	http://www.bb.live.de
Buersche Zeitung	http://www.mmedia-ge.de/bz
Das Sonntagsblatt	http://www.sonntagsblatt.de
Der Neue Tag	http://www.oberpfalznetz.de
Der Tagesspiegel	http://www.tagesspiegel-berlin.de
die tageszeitung	http://www.taz.de
Die Welt	http://www.welt.de
Die Zeit	http://www.zeit.de
Express	http://www.express.de
FAZ-Datenbank	http://www.faz.net
Frankenpost	http://www.frankenpost.de
Frankfurter Neue Presse	http://www.fnp.de
Frankfurter Rundschau	http://www.fr-aktuell.de
Freie Presse	http://www.freiepresse.de
Hamburger Morgenpost	http://www.mopo.de
Handelsblatt	http://www.handelsblatt.com
HAZ/Neue Presse	http://www.niedersachsen.com
Heilbronner Stimme	http://www.stimme.de
Holsteinischer Courier	http://www.courier.de
Junge Freiheit	http://www.jungefreiheit.de
Junge Welt	http://www.jungewelt.de
Lausitzer Rundschau	http://www.lr-online.de
Lippische Landes-Zeitung	http://www.lz-online.de
Main-Echo	http://www.main-echo.de
Main-Post	http://www.mainpost.de
Mannheimer Morgen	http://www.mamo.de
Mittelbayerische Zeitung	http://www.donau.de
Neue Ruhr / Rhein Zeitung	http://www.nrz.de
Neue Westfälische	http://www.nw-news.de
Neuß-Grevenbroicher Zeitung	http://www.ngz-online.de
Nordwest Zeitung	http://www.nwz-online.de
Nürnberger Nachrichten	http://www. nn-online.de
Nürnberger Zeitung	http://www.nz-online.de
Passauer Neue Presse	http://www.pnp.de
Remscheider General-Anzeiger	http://www.rga-online.de
Rheinische Post	http://rp-online.de
Rheinischer Merkur	http://www.merkur.de
Rhein-Zeitung	http://rhein-zeitung.de
Ruhr-Nachrichten	http://www.ruhrnachrichten.de
Saarbrücker Zeitung	http://www.sol.de
Sächsische Zeitung	http://www.sz-online.de
Schwäbische Zeitung	http://www.szon.de
Schwäbisches Tagblatt	http://www.cityinfonetz.de
Schwarzwälder Bote	http://www.swol.de
Schweriner Volkszeitung	http://www.svz.de
Siegener Zeitung	http://www.siegener-zeitung.de
Süddeutsche Zeitung	http://www-sueddeutsche.de
Südkurier	http://www.skol.de
Trierischer Volksfreund	http://www.intrinet.de
Westfälische Nachrichten	http://www.wnonline.de
Wochenpost	http://www.wochenpost.de
Zeitungsgruppe WAZ	http://www.waz.de
Zeitungsverlag Waiblingen	http://www.zvw.de

Diese Aufstellung erhebt keinen Anspruch auf Vollständigkeit. Mit dem Nachrichtensuchdienst „Paperball" (http://www.paperball.de) lassen sich die Inhalte von über 100 deutschen Internet-Presseorganen mühelos aufspüren. Paperball erlaubt bisher nur eine Recherche für die vergangenen sieben Tage. Sie können sich von Paperball gratis Ihre persönliche Zeitung zusammenstellen lassen, die Sie dann kostenlos per E-Mail erhalten.

- Eva Brand u. a. (Hg.): Die Zeitung im Unterricht; 3. Aufl. Aachen-Hahn 2003 (Hahner Verlags-Gesellschaft; ISBN 3-89294-300-1).

- Rainer Jogschies: Emotainment – Journalismus am Scheideweg. Der Fall Sebnitz und die Folgen; Münster 2001 (LIT-Verlag; ISBN 3-8258-5450-7).

- Hubertus Knabe: Der diskrete Charme der DDR. Stasi und Westmedien; Berlin 2001 (Propyläen; ISBN 3-549-07137-x).

- Winfried Prost: Manipulieren durch Sprache. Unterschwellige Beeinflussung erkennen, einsetzen und abwehren; München 1987 (Heyne: Kompaktwissen; ISBN 3-453-00132-x).

- Reginald Rudorf: Die vierte Gewalt. Das linke Medienkartell; 2. Aufl. Frankfurt a. M. 1995 (Ullstein; ISBN 3-548-36635-x).

- Fritz Schenk: Der Fall Hohmann. Die Dokumentation; München 2004 (Universitas; ISBN 3-8004-1466-X).

- Wolf Schneider u. a.: Unsere tägliche Desinformation. Wie die Massenmedien uns in die Irre führen; 5. Aufl. Hamburg 1992 (Gruner + Jahr: Stern-Buch; ISBN 3-570-03915-3).

- Hans Schulte-Willekes: Schlagzeile: Ein „Bild"-Reporter berichtet; Reinbek bei Hamburg 1991 (Rowohlt: rororo rotfuchs; ISBN 3-499-20146-1).

- Eckart Thurich: Die öffentliche Meinung; Bundeszentrale für politische Bildung, Heft 10/1998.

- Udo Ulfkotte: So lügen Journalisten. Der Kampf um Quoten und Auflagen; München 2001 (Bertelsmann; ISBN 3-570-00199-7).

- Günter Wallraff: Das BILD-Handbuch bis zum Bildausfall; Hamburg 1981 (Konkret Literatur Verlag).

- Günter Wallraff: Der Aufmacher. Der Mann, der bei Bild Hans Esser war; Köln 1997 (Kiepenheuer & Witsch; ISBN 3-462-02663-1).

- Kurt Ziesel: Die Meinungsmacher. Spiegel, Zeit, Stern & Co; 2. Aufl. München 1988 (Universitas; ISBN 3-8004-1153-9).

Lösungsmöglichkeit 1 zu AB 1, Aufgabe 2

Schlagzeilen eines Tages in unterschiedlichen Tageszeitungen vom 7. März 2003

Süddeutsche Zeitung:
Clement: Lage am Arbeitsmarkt überaus ernst

Stormarner Tageblatt:
Experte warnt: Das Meer ‚frisst' die Küste

Ostholsteiner Zeitung:
Der Arbeitsmarkt sackt weiter ab

Kieler Nachrichten:
Gute Zensuren für unsere Mathe-Noten

Die Welt:
Irak-Resolution: USA machen Kompromissvorschlag

Hamburger Abendblatt:
Der Schock: 4,7 Millionen Arbeitslose

Lübecker Nachrichten:
Allianz für Lübecks Zukunft

BILD-Zeitung:
4,7 Millionen ohne Job
Schafft endlich Arbeit!

Lösungsmöglichkeit 2 zu AB 1, Aufgabe 2

Schlagzeilen eines Tages in unterschiedlichen Tageszeitungen vom 7. August 2004

Hauptthema ist die Rückkehr führender Publikationen (SPIEGEL, BILD, SÜDDEUTSCHE ZEITUNG) zur alten Rechtschreibung.

Lübecker Nachrichten
Neue Rechtschreibung gerät ins Wanken

Süddeutsche Zeitung
Rechtschreibreform steht auf der Kippe

DIE WELT
Rückkehr zur klassischen deutschen Rechtschreibung

BILD-Zeitung
Schluß mit der Rechtschreib-Reform!
BILD kehrt zurück zur alten Rechtschreibung

Hamburger Morgenpost
Neue Rechtschreibung: Das Chaos ist perfekt

Hamburger Abendblatt
Verlage kehren zurück zur alten Rechtschreibung

die tageszeitung (TAZ)
Nachfolgende Generationen gerettet!
„BILD" und „SPIEGEL" ab sofort in alter Rechtschreibung

Kieler Nachrichten
Offensive gegen neue Schreibweise

Lösungen

Lösungen zu AB 2

Informierende Textsorten: Nachricht (Meldung, Bericht)
Reportage
Interview

Meinungsäußernde Textsorten: Kommentar
Glosse
Kritik bzw. Rezension
Leserbrief

Lösung zu AB 3

siehe „Die Nachricht" (Seite 10)

Lösung zu AB 4

1 = Dachzeile
2 = Hauptzeile
3 = Unterzeile
4 = Vorspann (Lead)
5 = eigentlicher Text

> **Tipp: zu AB 3 und AB 4**
> Lassen Sie Ihre Schüler Nachrichten-Artikel daraufhin untersuchen, ob der Autor des jeweiligen Artikels das Prinzip der umgekehrten Pyramide berücksichtigt hat.

Lösung zu AB 5

Was?	Angriff auf palästinensisches Wohnhaus
Wer?	israelischer Pilot in seinem F-16-Kampfflugzeug
Wann?	in der Nacht zum 22. 7. 2002
Wo?	in einem dicht besiedelten Wohngebiet im Gaza-Streifen
Wie?	Raketenangriff
Warum?	Liquidierung des Palästinensers Salach Schehade

Lösungsmöglichkeit zu AB 6 (I)

Zu einem tragischen Unglück kam es auf dem Erie-See in Nordamerika: Der Ausflugsdampfer „Schwalbe" befand sich auf der Strecke Detroit–Buffalo, als 30 Minuten vor der Anlegestelle unter Deck – wahrscheinlich im Maschinenraum – ein Feuer ausbrach. Den Passagieren gelang es, sich in dem vorderen Teil des Schiffes in Sicherheit zu bringen. Obwohl der Steuermann John Maynard an seinem Arbeitsplatz in eine lebensbedrohliche Situation geriet, gelang es ihm, das Schiff mit letzter Kraft auf den Strand von Buffalo zu steuern. Alle Passagiere konnten gerettet werden; für den Steuermann kam jede Hilfe zu spät.

Was?	Feuer/Tod von John Maynard
Wer?	Ausflugsdampfer „Schwalbe"; Steuermann John Maynard; Passagiere
Wann?	–
Wo?	Erie-See in Nordamerika
Wie?	Brand im Maschinenraum; Rauchvergiftung
Warum?	Brand im Maschinenraum

> **Tipp:**
> Lassen Sie den Erie-See im Atlas heraussuchen. Was findet sich darüber im Internet?

Lösungsmöglichkeit zu AB 6 (II)

Der 15-jährige Schüler Oliver P. ist gestern bei einem tragischen Sportunfall an seiner Schule ums Leben gekommen. Wie die Polizei mitteilte, wollte der Junge sich mit Konditionstraining auf die kommende Leichtathletikmeisterschaft vorbereiten, stürzte aber dabei aus bislang unbekannter Ursache von einem Kletterseil aus 13 Meter Höhe ab. Trotz sofort eingeleiteter Rettungsmaßnahmen konnte der Notarzt nur noch den Tod des Schülers feststellen.

Lösung zu AB 7

eigene Beobachtungen der Schüler

Lösung zu AB 8

Mündliche Reportage	Schriftliche Reportage
Das Geschehen wird unmittelbar während des Ereignisses geschildert.	Das Geschehen wird aus der Erinnerung später aufgeschrieben.
Der Reporter spricht in der Gegenwartsform (Präsens).	Der Reporter schreibt in der Vergangenheitsform (Präteritum).
Der Reporter teilt seine Gefühle mit.	Der Reporter schreibt meist emotionslos und sachlich.

Lösung zu AB 9

Eigene Erfahrungen der Schüler

Lösungsmöglichkeit zu AB 10

- Die Reporterin berichtet im Präsens.

- Sachinformationen:
    - 200 Scheinwerfer werden in grauen Kisten transportiert.
    - Lautsprecher haben insgesamt 50 000 Watt
    - Bühne hat eine Fläche von 14 m^2
    - Scorpions verwenden ein hochmodernes Tonsystem
    - 4 Lichttechniker und 8 Helfer, 2 Veranstaltungstechniker
    - lastwagengroßer Generator mit 500 Watt Leistung
    - Scorpions kommen demnächst

- Inhaltsangabe:
    Vier Lichttechniker, acht Helfer und zwei Veranstaltungstechniker sind für den Bühnenaufbau des Rockkonzertes der Scorpions zuständig. Zweihundert Scheinwerfer, Lautsprecher mit insgesamt 50 000 Watt, ein hochmodernes Tonsystem, ein lastwagengroßer 500 Watt starker Generator und eine 14 m^2 große Bühne müssen montiert werden.

Lösungsmöglichkeit zu AB 11

Laienspielgruppe feiert 50. Geburtstag

Heute feiert die „Theatergruppe Schwesig" ihr 50-jähriges Bestehen. Mit dem Einakter „De Isenbahn op Fehmarn" gab die plattdeutsche Laienspielgruppe ihr Bühnendebüt.

Die Mitglieder der Gruppe Schwesig sind echte Amateure. Mit den Einnahmen für die Auftritte lassen sich gerade die Unkosten decken, die durch Kostüme, Ausstattung und Bühnenbilder entstehen.

Den runden Geburtstag konnte der Gründer der erfolgreichen Laienspielschar jedoch nicht mehr miterleben: Günter Schwesig starb am 28. Oktober als hoch geehrter Fockbeker Bürger, der sich um die Landjugend verdient gemacht hat.

Günter Schwesig, Gründer der Theatergruppe

Lösungsmöglichkeit zu AB 12

- Mit den *„Schröder'schen Verhältnissen"* wird Wright weniger die Regierungsarbeit Gerhard Schröders (SPD), sondern vielmehr die deutschen juristischen Grundsätze gemeint haben, die es ermöglichen, gegen journalistische Verleumdung gerichtlich vorgehen zu können.

- Wright behauptet, man habe seitens der *„The Mail on Sunday"* mit der Veröffentlichung über einen angeblichen Seitensprung Schröders zeigen wollen, wie schwierig es sei, über Politiker in Deutschland zu berichten. Diese Begründung erscheint fadenscheinig, da der englische Leser später gar nichts von diesem vermeintlichen Test erfuhr.

- Unter einer *„einstweiligen Verfügung"* versteht man eine Anordnung eines Gerichts, der bis zu einer endgültigen Entscheidung unmittelbar Folge zu leisten ist.

- Wrights Vorgehensweise lässt sich mit dem deutschen „Pressekodex" nicht vereinbaren.

▶ **Buchtipp:** Viele Beispiele zur „political correctness" und deren Einfluss auf die Berichterstattung finden sich in:
Klaus J. Groth: *„Die Diktatur der Guten: Political Correctness"*; München 1996.

Lösungsmöglichkeit zu AB 12/13/14

Entscheidungsfragen	geschlossene Fragen	Alternativfragen	Rückfragen
Fürchten Sie sich vor deutschen Richtern?	*Wirft das britische Königshaus nicht mehr genügend Klatsch ab, müssen Sie deshalb Ihre Leser mit importierten Gerüchten aus Deutschland füttern?*		*Das empört Sie?* *Was für ein Test?*

Vergewisserungsfragen	Ergänzungsfragen	offene Fragen	Tendenzfragen
Das empört Sie?		*Was für eine Rolle spielt es bei der Beurteilung eines Politikers, wie oft er verheiratet war?* *Stammt der Hinweis auf die angebliche Geliebte etwa aus dieser Quelle?* *Haben Sie Beweise für Ihre Behauptung, der Kanzler habe eine Geliebte?* *Ihr Fazit?* *Was hat ein Anzug mit Demokratie zu tun?*	*Wirft das britische Königshaus nicht mehr genügend Klatsch ab, müssen Sie deshalb Ihre Leser mit importierten Gerüchten aus Deutschland füttern?* *Das empört Sie?* *Ist es nicht eher ein Verlust an politischer Kultur, wenn Sie sich mit modischen Petitessen beschäftigen?* *War es notwendig, dass Sie nun für Ihre deutschen Leser eine Hotline eingerichtet haben, bei der sie Enthüllungen über den Kanzler loswerden können?*

Lösung zu AB 15

Bei AB 15 (I) handelt es sich um eine Nachricht, bei AB 15 (II) um einen Kommentar. Die unterstrichenen Textstellen sind für einen Kommentar typische, wertende Formulierungen:

Wie Erinnerung selektiert wird

Die PDS profitiert von der fatalen Einäugigkeit der politisch Korrekten

Von CORA STEPHAN

Die PDS ist nicht verboten, also kann man mit ihr koalieren. <u>Mehr wäre zur Berliner Koalition aus PDS, SPD und Grünen nicht zu sagen – wäre da nicht die Sache mit</u> den schwarz-grünen Koalitionsverhandlungen in Frankfurt am Main. Sie scheiterten jüngst daran, dass das Mitglied einer Rechtspartei zum Ehrenmagistratsmitglied gewählt worden war. Auch diese Partei ist nicht verboten. Der Comment der anderen Parteien lautet <u>indes, die braunen Schmuddelkinder möglichst kaltzustellen.</u>
Die Rechten stehen in der Nachfolge der Nazis, denen wir ein „Nie wieder" geschworen haben, lautet das Argument im einen Fall. Die Hexenjagd müsse aufhören, und man dürfe die ostdeutsche Bevölkerung nicht diskriminieren, so oder ähnlich hört man es im anderen Fall.
<u>Unter normalen Bedingungen</u> müsste man das <u>ein Messen mit zweierlei Maß</u> nennen. Die PDS entstammt <u>immerhin</u> einer Bewegung, in der Ströme von Menschenblut flossen <u>für die Morgenröte einer besseren Welt. Aber diese Schizophrenie</u> entspricht der <u>makabren Logik</u> deutscher Erinnerungspolitik.
Rechtsparteien werden tabuiert <u>der Vergangenheit wegen</u> – zu Gunsten einer Koalition mit der PDS <u>aber wird die Vergangenheit tabuiert.</u>
<u>Das ist nicht mehr nur geschmacklos, das ist ein Trauerspiel. Und die Reaktionen?</u> Weder konservative Stimmen noch die antitotalitäre Linke melden sich mit der gebührenden Vehemenz zu Wort.
<u>Auschwitz ist das Wort für all das, was nicht vergessen werden darf. Und zugleich ist es die Metapher, ja die Entschuldigung für Verdrängung geworden.</u> Die deutsche Teilung? Sühne für Auschwitz – so begründete Fischer noch 1990 seine Ablehnung der Vereinigung. Das autoritäre Regime der DDR? Sühne für Hitler. <u>Und die Mauer?</u> Sie hieß nicht umsonst antifaschistischer Schutzwall.
<u>Ausgerechnet</u> die Deutschen, <u>Musterknaben</u> der Demokratie, Beschützer der Menschenrechte, nehmen Verbrechen wider die Menschlichkeit <u>nur</u> da wahr, <u>wo es ins eingebläute politische Raster passt.</u>

aus: „Die Welt" vom 3. 7. 2001 (gekürzt)

Lösung zu AB 16

Beide Kommentare entstanden aus demselben Anlass (Erklärung der PDS vom 02. 7. 2001 zum Bau der Berliner Mauer am 13. 8. 1961). Die Autoren vertreten ähnliche Auffassungen, formulieren und argumentieren jedoch unterschiedlich.

Text „Verräterische Worte":

- Der Autor wirft der PDS vor, sie wolle einen weiteren Sozialismus-Versuch starten, der dann dem „real existierenden Kapitalismus" überlegen sei.
- Niessler kreidet der PDS an, den Verlauf der DDR-Geschichte der Weltgeschichte anzulasten. Eigene Schuld werde von der PDS ebenso geleugnet wie die eigene Verantwortung für die kommunistischen Verbrechen.
- Der Kommentator kritisiert, die PDS meine es mit ihrer Distanzierung vom DDR-Terror nicht ehrlich.
- Wenn das Schicksal der Menschen die Ewiggestrigen von der PDS wirklich berühren würde – so Niessler – könnten sie die SED-Fortsetzungspartei PDS auflösen.

Text „Die Wahrheit der DDR":

- Die PDS will das Vermögen der SED erben, jedoch nichts mit deren Terror zu tun haben.
- Autor Stürmer nimmt es der PDS nicht ab, dass sie wirklich mit den Opfern mitfühle.
- Die Behauptung, die Mauer habe Krieg verhindert, sei eine Lüge. Damit werde der Versuch gemacht, die Verantwortung für den SED-Terror auf andere abzuwälzen (und zwar auf den Lauf der Geschichte) und jenen, die Fluchtversuche unternahmen, unterstellt, sie hätten dadurch Kriege verursacht.
- Stürmer attestiert der SED, sie habe das Verbrechen gegen die Menschlichkeit zu ihrem politischen System gemacht.
- Wer sich mit der PDS einlässt, handle moralisch verwerflich und charakterlos.

Beide Kommentatoren argumentieren in zwei Punkten einheitlich:

1. Die SED-Fortsetzungspartei PDS behaupte, der Verlauf der DDR-Geschichte sei ausschließlich durch die Weltpolitik bestimmt gewesen. Damit betreiben die PDS-Anhänger Geschichtsfälschung.
2. Die Mitglieder der SED-Fortsetzungspartei PDS hätten sich nicht wirklich vom Terror der SED distanziert.

Lösungsmöglichkeit zu AB 17

Wen wundert das eigentlich, dass in unserem Volk nur jeder Zweite ein Gedicht aufsagen kann und sogar vielleicht noch den Dichter davon kennt? Das Interesse an klassischer Dichtkunst war noch nie sehr groß und blieb schon immer einem begrenzten Publikum vorbehalten. Die, die sich dafür interessierten, galten sofort als etwas abgehoben. So bleiben die Freunde der Dichter unter sich.
Würde bereits in den Schulen der Kunst und Literatur von Anfang an mehr Beachtung geschenkt, sähe es vielleicht anders aus. Man müsste dann eventuell weniger Amerikanismen im Unterricht verwenden, dafür aber mehr die deutsche Sprache in den Vordergrund stellen.
Geht die Vernachlässigung noch hundert Jahre so weiter, dann wird man einmal in Anlehnung an Goethes Gedicht vom Fischer sagen müssen *„und sie ward nicht mehr gesehen"*. Auf die Frage, wer Goethe, Schiller, Lessing und Kleist waren, käme die Antwort: *„Von denen habe ich noch nie gehört"*. Eines steht fest: Die Russen zum Beispiel hatten nie ein Problem mit ihren Klassikern. Niemand wird belächelt, wenn er Puschkin rezitieren will und kann. Im Gegenteil, man hört interessiert zu und freut sich darüber.

AXEL DÖHLER

aus: „Lübecker Nachrichten" vom 12. 3. 2003 (Leserbrief-Rubrik)

Lösungen

111

Lösung zu AB 18

eigene Beobachtungen der Schüler

Lösungsmöglichkeit zu AB 19

Holger Kreitling kritisiert die Tabuisierung bestimmter Themen im amerikanischen Fernsehen. Zum einen erscheint die Taktik lebensfremd, da man durch Ausblenden eines bestimmten Themas keine Lösung herbeiführen kann und die Welt dadurch nicht besser wird. Zum anderen wird kritisiert, dass durch das Weglassen der Bierflasche in einem amerikanischen „Werner-Film" die Geschichte um den Helden „Werner" unschlüssig wird.

Lösungsmöglichkeit zu AB 20

Die Karikatur bezieht sich auf die bevorstehende Jahrtausendwende. Pessimisten befürchteten den Zusammenbruch wichtiger Computersysteme. Spezialisten nahmen an, dass die Computer beim Umstellen auf 1900 zurückspringen würden. Man rechnete mit erheblichen Verspätungen im öffentlichen Linenverkehr sowie mit Problemen bezüglich der Umstellung der Zeit bei Funkuhren. Doch viel gravierender hätten die Schäden sein können, wenn in Krankenhäusern, bei Polizei- und Feuerwehrwachen die Notrufsysteme zusammengebrochen wären oder die empfindlichen computergesteuerten Anlagen (z. B. Ampelanlagen) nicht mehr richtig gearbeitet hätten. Auch in Industrie und Wirtschaft liefen die Vorbereitungen für die Jahrtausendwende auf Hochtouren. Man beugte evtl. Störungen vor, sodass die Jahrtausendwende ohne größere Zwischenfälle verlief.

Lösungsmöglichkeit zu AB 21

Die hier abgebildete veränderte Karikatur thematisiert die in der PISA-Studie festgestellte mangelhafte Lesefertigkeit deutscher Schüler.

Lösungsmöglichkeit zu AB 22:

> Wem sagst du das...

> Niemand glaubt an mich!

Lösung zu AB 23:
Eigene Beobachtungen der Schüler

Lösungsmöglichkeit zu AB 24:
BILD (Hamburg), EXPRESS (Köln), BZ (Berlin), ABENDZEITUNG (München), TZ (München), HAMBURGER MORGENPOST, ABENDPOST (Frankfurt)

Lösungen zu AB 25

Meldung der klass. Tageszeitung		Meldung der Boulevardzeitung	
Wer?	Holger Griebe	**Wer?**	Holger Griebe
Was?	*Glück gehabt und gewonnen*	**Was?**	*Zu dumm zum Unterrichten*
Wo?	RTL-Quiz-Show	**Wo?**	RTL-Quiz-Show
Wann?	18. 11. 2000	**Wann?**	18. 11. 2000
Wie?	Mit viel Raten und kaum Wissen	**Wie?**	Mit viel Raten und kaum Wissen
Warum?	–	**Warum?**	–

Ergebnis des Vergleichs der beiden Artikel:

Die Meldung ist möglichst sachlich und objektiv.	Die Meldung ist weder sachlich noch objektiv.
Sie enthält kaum Meinungsäußerungen.	Sie enthält viele Meinungsäußerungen.
	Der Autor macht sich über den Kandidaten lustig, tut so, als hätte er sämtliche Fragen beantworten können. Er verallgemeinert.

Lösungen

Lösung zu AB 26

Eigene Beobachtungen der Schüler

Lösungsmöglichkeit zu AB 27

1953	Da die BILD-Zeitung ein Jahr nach ihrem ersten Erscheinen Absatzschwierigkeiten bekommt, entwirft man ein neues Konzept: längere Texte, weniger Fotos. Die Auflage schnellt dadurch auf über eine Million. Die einzige Farbe im Blatt ist damals Rot. Um die Zeitung trotzdem abwechslungsreich zu gestalten, setzen die Layouter auf geschwungene Linien, die die Fotos umranden, auf aneinander gereihte Rauten oder gestrichelte Balken. Durch den Bleisatz ist man in der Gestaltung eingeengt.
1963	Die Überschriften werden dicker und frecher. Hohe, enge Schrifttypen werden verwendet, die Seiten insgesamt dichter aufgebaut. Als Novum werden farbige Kästen, mit denen man Texte hinterlegt, eingeführt.
1973	Nach endlosen Diskussionen wird der bisher runde i-Punkt im BILD-Logo durch einen eckigen abgelöst. Die Lokalausgaben (hier: Hamburg) enthalten nicht mehr den Zusatz „Zeitung", sondern die Ortsmarke.
1983	Der Bleisatz wird durch den Fotosatz abgelöst: Texte werden mit dem Computer geschrieben, auf Fotopapier belichtet, ausgeschnitten und auf das Layout geklebt. Das bedeutet Zeitersparnis und größere gestalterische Flexibilität.
1993	Alle Farben finden jetzt Verwendung: BILD wird nun auch gestalterisch bunter. Der Computer löst endgültig die Schreibmaschine ab. Ende der 90er-Jahre wird BILD komplett am PC gestaltet.
2003	Erstmals kümmern sich so genannte Art-Direktoren um das Aussehen der BILD-Zeitung und stimmen die Gestaltung mit der Chefredaktion ab.

■ Zusatzinformationen für die Lehrkraft

Schlagzeilen	überdimensional, Fettdruck, auffallend, häufig provozierend
Schrifttypen	sehr unterschiedlich, nicht einheitlich
Farben	Schwarz, Rot, Negativdruck, kontrastreich
Hervorhebungen	Unterstreichungen, Rahmen
Bilder	etwa drei bis fünf, eines davon großformatig
Werbung	ein bis zwei Anzeigen unterschiedlicher Größe

Siehe auch AB 32

Lösung zu AB 28

Eigene Beobachtungen der Schüler

Lösungsmöglichkeit zu AB 29

auf ‚Mitleid erregend' getrimmte Meldung:

„Gestern Nacht kam bei einer Tankerkollision auf der Nordsee (zehn Tonnen Altöl flossen dabei ins Meer) der Matrose Frank Z. (28) grausam ums Leben. Der Matrose hatte an der Reling gestanden, als sich die Schiffe im Nebel rammten. Der blonde Junggeselle aus Cuxhaven wurde gegen die Kajütenwand geschmettert und brach sich die Beckenknochen. Dann auch noch Feuer in einem Tank. In der Panik hörte niemand die verzweifelten Hilferufe des Matrosen, Rettungsmannschaften fanden ihn erstickt auf. Frank Z. wollte in Hamburg für immer von Bord gehen, um seine Braut Manuela L. (22) zu heiraten."

auf ‚Angst machend' getrimmte Meldung:

„Nach einer schrecklichen Tankerkatastrophe auf der Nordsee, bei der ein Matrose den Tod fand, wälzt sich seit gestern Nacht schmutziger, stinkender Ölschlamm auf die nordfriesische Küste zu. Tausende Liter Altöl sind bei der Kollision ins Meer geflossen. An der Küste ist Öl-Alarm gegeben worden. Viele Urlauber sind schon aus den Seebädern abgereist."

aus: Hans Schulte-Willekes: „Schlagzeile"; Reinbek bei Hamburg 1991, S. 22.

Lösungen zu AB 30

Meinungslenkung durch Überschrift/Schlagzeile: 1, 2, 3, 4, 5
Meinungslenkung durch Schwerpunktsetzung: 7, 8
Meinungslenkung durch Wortwahl: 3, 4, 5, 6

Lösungen

Lösungsmöglichkeiten zu AB 31

Das passierte wirklich:	Das stand im Boulevardblatt:
Der Schuldirektor Dr. Meier schnauzt einen Journalisten an: „Nein, nein, jetzt keine Fragen, verdammt noch mal! Sie sehen doch, ich habe die Nase voll mit Schnupftabak!"	**„Ich habe die Nase voll!"** Schuldirektor Dr. Meier verlässt fluchend sein Büro
Ein Imker schildert einem Reporter seinen Arbeitsalltag: „Tja, das passiert einem erfahrenen Bienenfreund, dass er mal von einer Königin gestochen wird. Dabei wollte ich ihr nur einen neuen Korb geben, damit die Bienen mehr Platz haben!"	Nachdem ihr der Freund einen Korb gegeben hatte: **Da stach die Königin zu!**
Ein Journalist interviewt einen Zirkusdirektor, der einen Flohzirkus betreibt. Der Zirkusdirektor berichtet: „Klar war es ein schwerer Schlag für mich, dass meine fünfzig kleinen Künstler ins Bierglas gestürzt sind. Aber so ein Unglück hat auch seine guten Seiten: Jetzt juckt mich nichts mehr."	Tragödie in der Manege: **50 Zirkusstars abgestürzt!** Zirkusdirektor kaltblütig: „Es juckt mich nicht!"

Lösungen zu AB 32

Die Schlagzeile *Selbstmord als letzter Ausweg* suggeriert, es gehe in dem Artikel um einwandfrei als Selbstmord erwiesene Tötungsdelikte. Der Verfasser der abgedruckten dpa-Meldung räumt dann aber bereits im zweiten Absatz ein, der Fall des Uwe Barschel sei nicht in die Selbstmordrubrik einzuordnen, da es Beweise dafür gebe, Barschel sei vergiftet und anschließend in der Badewanne ertränkt worden.

Lösung zu AB 33

eigene Beobachtungen der Schüler

Lösungsmöglichkeit zu AB 34

Das finden die Leser der BILD-Zeitung an dem Blatt gut:
Aktualität und Kürze der Artikel/leicht verständliche Sprache/Engagement mit Aktionen wie „BILD kämpft für Sie!"/hoher Unterhaltungswert/ausführlicher Sportteil

Das finden die Kritiker der BILD-Zeitung an dem Blatt nicht gut:
Vereinfachung vieler Sachverhalte bis zur Verfälschung des Nachrichtenkerns/Aufbauschung unwichtiger und Weglassung wichtiger Themen/Methoden der Nachrichtenbeschaffung manchmal am Rand der Legalität/Schüren von Emotionen und Appell an niedere Instinkte der Leserschaft/Verstöße gegen Pressekodex (häufiger als bei anderen Zeitungen)

Lösung zu AB 35, 36, 37
eigene Beobachtungen der Schüler

Lösung zu AB 38

Schlacht um Worte

Heute berichtet die Tageszeitung von der Streik**front** in Ostdeutschland. Ariel Scharon steht wegen seiner Politik erneut im **Kreuzfeuer** der Kritik. Auch Palästinenserpräsident Jassir Arafat, den der stellvertretende israelische Ministerpräsident Olmer ermorden lassen will, sei wegen seiner Haltung im Nahost-Konflikt **unter Beschuss geraten**.
Unter der Rubrik „Inland" ist zu lesen, Hamburg sei aufgrund der Hafenstraße zum **Exerzierfeld** für Polizei und Linksextremisten geworden. Der Innensenator habe **schweres Geschütz** gegen die Strategiepläne der Oppositionspolitiker aufgefahren, wobei sich mancher Journalist fragt, ob hier nicht **mit Kanonen auf Spatzen geschossen** wird.
Wie eine Bombe eingeschlagen ist die Meldung von dem Zugunglück in Bockholt, bei dem drei Schüler der Grund- und Hauptschule Süsel starben. Die Bundesbahndirektion schickte einen Vertreter **an die Front**, um den Reportern Auskunft zu geben. Der Bürgermeister hatte das nötige **Kaliber**, um Kritik zu üben.
Die schleswig-holsteinische Ministerpräsidentin Heide Simonis schickte ihre **Wunderwaffe** Ute Erdsiek-Rave los, um die Verwirklichung der überflüssigen Gesamtschule in Pansdorf durchzupeitschen. Die Bildungsministerin wird allerdings von vielen Lehrkräften aufgrund der teilweise unrealistischen Vorschläge, die aus ihrem Ressort an die Öffentlichkeit gelangen, für einen **Blindgänger** gehalten. Aber beim **Kampf um die Bildung** scheint alles erlaubt.
Die Diskussion um einen verlängerten Einkauf am Sonnabend ist erneut **ausgebrochen**. „Schlacht um den Ladenschluss" springt als Schlagzeile ins Auge. Der Wirtschaftsminister **hat sein Pulver** bezüglich der Schaffung neuer Arbeitsplätze **verschossen**.
Der Deutsche Gewerkschaftsbund DGB hat in den neuen Bundesländern durch eine **Kampfabstimmung** einen Streik vom Zaun gebrochen. Man fürchtet keine **Feindberührung** mit den Unternehmern. Den Vorwürfen, westdeutsche Funktionäre und Streikposten nach Ostdeutschland geschickt zu haben, weicht die DGB-Führung aus, und muss vor diesen **verbalen Tretminen auf Tauchstation gehen**.
Der amerikanische Präsident George W. Bush und der britische Premierminister Tony Blair **bombardieren** die Kriegsgegner mit neuen Behauptungen über Saddam Husseins angeblichen Besitz von Massenvernichtungswaffen.

> **Tipp:**
> Lassen Sie Ihre Schüler selbst Beispiele für kriegerische/martialische Formulierungen in Zeitungsartikeln suchen bzw. selbst Texte mit solchen Formulierungen erstellen.

Lösung zu AB 39, 40, 41
Eigene Beobachtungen der Schüler

Lösung zu AB 42

„Tagesschau": Auch für Sie nur Fachchinesisch?	Hamburger Morgenpost (Boulevardzeitung)
TV-Nachrichten oft Buch mit 7 Siegeln	Stormaner Tageblatt (Tageszeitung)
Verstehen Sie Jo Brauner?	Hamburger Abendblatt (Tageszeitung)
88 Prozent verstehen bei der Tagesschau nur noch Bahnhof	BILD-Zeitung (Boulevardzeitung)

Lösungsmöglichkeit zu Exkurs III

Darf die Presse Gerüchte verbreiten?

Dies ist der Originalkommentar aus den „Lübecker Nachrichten" vom 21. 1. 2003:

Gratwanderung

VON ARNOLD PETERSEN

Darf die Presse Gerüchte transportieren? Sie darf und tut es tagtäglich. Personalspekulationen, Geraune aus Hinterzimmern, vermutete Intrigen: All das ist selbstverständlicher Bestandteil politischer Berichterstattung, auf dem Boulevard wie in seriösen Blättern. Denn was hinter vorgehaltener Hand geflüstert wird, ist oft erhellender als alle offiziellen Verlautbarungen. Allerdings gilt für Klatsch in gedruckter oder gesendeter Form: Er muss als solcher gekennzeichnet sein. Und es muss Anhaltspunkte geben, dass er stimmt. Geht es ins Private, sollte Tratsch besonders spitz angefasst werden.

Bei Gerhard Schröder und seinem Eheleben war das nicht der Fall. Das Berliner Landgericht hat der Presse auf die Finger geklopft. Dem Fingerspitzengefühl bei der Arbeit kann das gut tun. Aber bitte keine falschen Tabus: Schröder hat wie kein Zweiter sein Privatleben politisiert. Ob früher „Hillu" oder jetzt „Dörchen": Seine Ehefrauen machen Politik. Sie ziehen mit ihm in den Wahlkampf, geben Interviews, mischen sich ein. Das private Paar ist zugleich ein politisches Team. Darüber muss berichtet werden. Schröder selbst hat befördert, dass bei seiner Person die Grenze zwischen Privatem und Politik verschwimmt.

Lösungsmöglichkeiten zu Exkurs V

Was ist das – *Wirklichkeit?*

Die Wirklichkeit gibt es nicht. Es gibt Versuche, Wirklichkeit zu definieren:

a) **Die objektive Realität:** Sie lässt sich so ohne weiteres nicht beschreiben.
b) **Die Realität der biologischen Art:** Sie lässt sich beschreiben durch den Witz von der Maus, die im Versuchslabor ihren Artgenossen das Verhalten des Versuchsleiters erklärt: „Ich habe diesen Mann so trainiert, dass er mir immer dann Futter gibt, wenn ich diesen Knopf drücke."
c) **Die subjektive Realität eines Kulturkreises:** Sie kann ein vom Interesse geleiteter Ausschnitt aus der Realität der biologischen Art sein (z. B. Stellung der Frau, Selbstmordattentäter).
d) **Die subjektive Realität einer sozialen Gruppe:** Kinder, Frauen, Obdachlose etc.
e) **Die subjektive Realität des Individuums:** Sie kann ein vom Interesse geleiteter Ausschnitt aus der Realität der biologischen Art sein (z. B. erlebt der Kellner eine andere Wirklichkeit des Presseballs als der Gast).
f) **Die vorgetäuschte Realität:** Sie setzt an die Stelle der Wahrheit Schönfärberei, Irreführung und Lüge.
g) **Die Medienrealität:** Journalisten entscheiden über den Ausschnitt von Wirklichkeit, den *sie* für wichtig halten und den sie uns daher präsentieren.

Diese Aufstellung orientiert sich an Wolf Schneider: „Unsere tägliche Desinformation", Seite 21 ff.

Welche Gründe gibt es, die Wirklichkeit zu verfälschen und/oder zu erfinden?

Es gibt unterschiedliche Gründe: Abhängigkeit der Journalisten von Verlegern, Anzeigenkunden, Vorgesetzten, Kollegen, Politikern und Lobbyisten. Andere Gründe sind das Sendungsbewusstsein mancher Journalisten und der Zwang, sich nicht außerhalb der *political correctness* zu stellen.

Sind dir journalistische Inszenierungen von Wirklichkeit oder Kampagnen gegen Menschen bekannt?

- Unter der Überschrift „Mit Vollgas ins Kissen" berichtet der SPIEGEL (29/1994) darüber, dass Journalisten mit dubiosen Methoden an Horrorgeschichten aus der Jugendszene basteln. So schrieb die *BILD am Sonntag (BamS)* über eine angeblich neue Sportart, der sich Jugendliche hingeben würden: Mit Tempo 100 würden sie gegen Bäume rasen, um sich dann vom Airbag auffangen zu lassen. Zu diesem so genannten „Airbagging" stellte ein BamS-Reporter noch ein Foto – getreu dem Motto: Ein Bild sagt mehr als tausend Worte ...

- Der Norddeutsche Rundfunk (NDR) versuchte, durch geschickt platzierte INFAS-Umfragen einer politischen Partei, nämlich der Wählergemeinschaft Schleswig-Holstein (WSH), im Wahlkampf zu schaden. Dies berichteten die „Lübecker Nachrichten" am 14. 8. 1996.

- Im FOCUS 35/2000 und 38/2000 konnte man lesen, dass der Journalist Klaus Bednarz in einem Kommentar der „Tagesthemen" durch seine Behauptung, Ausländerfeindlichkeit und Rassismus kämen aus der Mitte der deutschen Gesellschaft, auf den Herzchirurgen Professor Reiner Körfer gezielt habe. Über diesen Arzt hatte die Presse wahrheitswidrig verbreitet, er habe an einer Türkin wegen deren mangelnder Deutschkenntnisse keine Herztransplantation vorgenommen. Als die Klinik-Geschäftsführung Bednarz einlud, er möge sich vor Ort auf den Stationen und im OP umsehen, um sein Urteil zu revidieren, kniff der Journalist und inszenierte – wiederum ohne jeden Beweis dafür zu haben – erneut Wirklichkeit durch seine Behauptung, dass in deutschen Kliniken ausländische Patienten problemlos Spenderorgane erhielten, wenn sie aus Ländern kämen, in denen „Petro- und andere Dollars sprudeln".

- In einem Leserbrief schreibt der Schriftsteller Martin Walser: „Der SPIEGEL kann (...) jede Person kaputtmachen, er braucht keine Fakten, der bloße Wille genügt. Da wird zusammen zitiert, was nicht zusammen gehört. Klatschquatsch und zweckdienlich bestellte Sorgentöne akademischer Sittenwächter. Gemixt nach Art des Feuilleton-Pfaffentums, das Finger nur dazu hat, auf andere zu zeigen. (...)" (SPIEGEL 23/1996)

- Am 3. Oktober 2003 sagte der damalige CDU-Bundestagsabgeordnete Martin Hohmann in einer Rede, weder die Deutschen noch die Juden seien ein Tätervolk. Diesen Sachverhalt stellten viele Journalisten in ihren Beiträgen verkürzt und damit sinnentstellend dar, indem sie schrieben, Hohmann habe die Juden als Tätervolk bezeichnet. Unter Androhung eines Bußgeldes in Höhe von 250 000 Euro wurde dem GRUNER & JAHR-Verlag, in dem der STERN erscheint, vom Oberlandesgericht Frankfurt a. M. verboten, weiterhin zu behaupten, Hohmann habe „die Juden als Tätervolk" bezeichnet. Zwei Staatsanwaltschaften lehnten Ermittlungsverfahren gegen Hohmann ab, weil dessen Rede weder antisemitisch noch volksverhetzend oder beleidigend gewesen sei – wie dies in der Presse behauptet worden war. Trotz dieser juristischen Entscheidungen gibt es Journalisten, die weiterhin Wirklichkeit inszenieren, indem sie diese Gerichtsentscheide ignorieren und den Sachverhalt immer noch falsch darstellen.

Lösungen

Lösung zu AB 43, 44
Eigene Erfahrungen der Schüler

Lösungsmöglichkeit zu AB 45
- In den Medien setzt sich die Unterhaltungskultur immer mehr durch. Die Grenzen zwischen Fakten und Fiktion verschwimmen: Gerüchte werden aufgegriffen und als Tatsachenberichte verkauft. Diese Mechanismen analysiert Professor Kissel und setzt sie für eigene Projekte ein. Ereignisse müssen „angeschoben" und so erst zu Ereignissen gemacht werden, damit die Presse sie aufgreift. Dies zeigt beispielsweise die Geschichte um den „Schnacksel-Orden am Bande": Der öffentliche Auftritt der Fürstin Gloria von Thurn und Taxis wurde konterkariert. Damit entlarvt Kissel den Sensationshunger der Boulevardpresse, heizt ihn jedoch zugleich an.
- Seine These lautet: *„Ohne Medien geschieht bekanntlich gar nichts mehr. Sie produzieren die Ereignisse, über die sie berichten, selbst oder provozieren sie zumindest."*
- Kissel bringt seinen Studenten bei, Ereignisse zu entwickeln, öffentlich zu inszenieren und an der Bildung von Images mitzuwirken.
- Die Absolventen könnten später beispielsweise als TV-Regisseure arbeiten, den Öffentlichkeitsauftritt eines Theaters betreuen oder bei einer PR- bzw. Event-Agentur arbeiten.
- Man sollte den Medien mit gesunder Skepsis gegenübertreten und Sachverhalte auf ihre Plausibilität und Glaubwürdigkeit hin überprüfen, indem man in anderen Quellen recherchiert (z. B. Internet etc.).

Lösung zu AB 46
Eigene Erfahrungen der Schüler

Lösungsmöglichkeit zu AB 47

Wahrheit	Lüge
Wirklichkeit	Manipulation
Erkenntnis	Schein
Tatsache	Ideologie
Objektivität	Betrug
Wissen	
Glaube	

guter Journalismus	schlechter Journalismus
Bemühen um Objektivität	Sensationslust
ausgewogene Gewichtung der Fakten	Manipulation zwecks Auflagensteigerung
Streben nach Wissen und Erkenntnis	Manipulation zwecks Geschichtsfälschung
Suche nach der Wahrheit	Manipulation aus politischen Motiven
Vielseitigkeit	Manipulation aus persönlichen Motiven
	Einseitigkeit

Lösung zu AB 48
Eigene Erfahrungen der Schüler

Praxiserprobte Materialien für Ihren Unterricht

Für einen spannenden Deutschunterricht!

Jochen Korte
„Ran an die Bücher!"
Praxisbuch zur Leseförderung in der Sekundarstufe I
100 S., DIN A4, kart.　　Best.-Nr. **4047**

Wie die PISA-Ergebnisse zeigen, sind viele Kinder und Jugendliche nicht mehr in der Lage, sich durch Lesen zu informieren, Texte schnell zu erfassen und diese richtig zu interpretieren. Vor diesem Hintergrund bietet das Praxisbuch eine Fülle konkreter und bewährter Materialien an, die helfen, Schüler/-innen für das Thema „Lesen" zu interessieren. Der Autor zeigt die Vorteile von Büchern auf und gibt Tipps, wie man Jugendliche mit ungewohnten Projektangeboten und Aktionen zum Lesen motivieren kann. Leselisten, die spannende Bücher vorstellen, runden diese Materialsammlung ab.

Peter Kühn/Pierre Reding
Lesekompetenz-Tests für die Klassen 5 und 6
144 S., DIN A4, kart.　　Best.-Nr. **4158**

Lesekompetenz entwickeln und prüfen! Lesen kann doch jedes Kind – aber hinter Lesen steckt mehr als „nur" Buchstaben mit Lauten verbinden. Sinnvoller Leseunterricht umfasst: Lese- und Hörverstehen, Wortschatzarbeit, Grammatikarbeit, Rechtschreibung und schriftlichen Ausdruck. Diese Kompetenzbereiche werden im folgenden Band anhand von fünf standardisierten Tests für die Sekundarstufe I trainiert und geprüft.
Unter den verständlich formulierten Arbeitsaufträgen wechseln sich Multiple-Choice-Übungen, kreative Aufgaben und Lückentexte ab. Weiter aufgewertet wird der praxisnahe Band durch Illustrationen, didaktische Kommentare zu den Tests sowie einen Lösungsschlüssel.

Sally Odgers
Geschichten schreiben – so geht's
In 9 Schritten zum gelungenen Text
116 S., DIN A4, kart.　　Best.-Nr. **4031**

Aufsatzschreiben gehört für viele Schülerinnen und Schüler nicht gerade zu ihren Lieblingstätigkeiten. Manche ringen sogar mit Schreibblockaden!
Hier setzt diese Unterrichtshilfe an. In neun Schritten werden die Schüler/-innen an das Schreiben herangeführt. Sie lernen den Aufbau einer Geschichte vorab zu planen und Schreibstrategien zu entwickeln.
Pfiffige Ideen und interessante Aufgabenstellungen regen die Fantasie der Schüler/-innen an und lassen Spaß am Schreiben aufkommen. Durch Anweisungen zu gezielten Selbstkontrollen lernen sie, ihre Geschichten kritisch zu bewerten und gegebenenfalls umzuarbeiten.
Im letzten Kapitel dieses Buches können die Schüler/-innen dann beweisen, was sie bereits gelernt haben! Hier gibt die Autorin Anregungen, wie und wo sie ihre Meisterwerke veröffentlichen könnten.

Auer　BESTELLCOUPON　Auer

Ja, bitte senden Sie mir/uns

___ Expl. Jochen Korte
　„Ran an die Bücher!"　　Best.-Nr. **4047**

___ Expl. Peter Kühn/Pierre Reding
　**Lesekompetenz-Tests
　für die Klassen 5 und 6**　　Best.-Nr. **4158**

___ Expl. Sally Odgers
　**Geschichten schreiben –
　so geht's**　　Best.-Nr. **4031**

mit Rechnung zu.

Bequem bestellen direkt bei uns:
Telefon: 01 80 / 5 34 36 17
Fax: 09 06 / 7 31 78
E-Mail: info@auer-verlag.de

Bitte kopieren und einsenden an:

**Auer Versandbuchhandlung
Postfach 11 52
86601 Donauwörth**

Meine Anschrift lautet:

_____
Name/Vorname

_____
Straße

_____
PLZ/Ort

_____
E-Mail

_____
Datum/Unterschrift